D1983497

© MAEGHT ÉDITEUR, 2003

DIE FONDATION MARGUERITE UND AIMÉ MAEGHT

MAEGHT ÉDITEUR

Vorwort

Eine durch das Licht der Provence hervorgehobene Traumlandschaft. In ihrem Herzen ein Ort des Lebens, ein von der Welt abgeschirmter Ort des Friedens. Ein «bewohnter» Ort — so wird er immer wieder von Besuchern beschrieben — auch wenn ihn allein unbelebte Werke bevölkern, in deren Gegenwart man sich aber dem starken Gefühl nicht entziehen kann, sie besäßen doch eine Seele. Und trotzdem darf man heute, fast ein Vierteljahrhundert nach der Einweihung der Fondation Marguerite und Aimé Maeght, wo sich jedes Jahr Liebhaber und Neugierige aus allen fünf Kontinenten aneinderdrängen, die Anstrengungen und Bemühungen intellektueller und finanzieller Natur nicht vergessen, die hier entfaltet wurden, um das, was anfangs nur als eine Schimäre galt, allen Hindernissen zum Trotz, in diese heute von jederman als unentbehrlich anerkannte Wirklichkeit zu verwandeln.

Selbstverständlich möchte ich hier am Anfang dieses Buches an erster Stelle meinen Eltern meinen Dank aussprechen. Ohne sie wäre dieses Projekt sicher nie vollführt worden. Im Kontext der sechziger Jahre bedurfte es vielen Mutes, sich auf ein derart riskantes Abenteuer einzulassen. Erinnern Sie sich doch bitte daran, wie tief in der Regel die Kluft zwischen zeitgenössischer Kunst und Publikum einmal war, von der Tatsache abgesehen, daß die Museen in diesen Jahren generell nicht den Ruf genossen, den heutzutage vor allem Prestigeausstellungen mitsichbringen. Und doch halte ich es für eine unwiderlegbare Tatsache, daß die Stiftung jahraus, jahrein dazu beigetragen hat, den Blick unserer Zeitgenossen im Bezug auf die Kunst ihres Zeitalters zu verändern. Es ist, als ob die Selbstverständlichkeit des Ortes den Kunstwerken einen offenkundigeren Charakter verleihen und ihnen damit Glaubwürdigkeit in den Augen eines erstaunten Publikums sichern würde. Das Konzept des traditionellen Museums, das oft als ein Ort des Ausschlusses gilt und als zu verschlossen und vom Leben entfernt empfunden wird, paßt wirklich nicht zu den Vorstellungen der Stiftung, die als ein lebendiger und freundlicher, anderen Künsten gegenüber offener Ausstellungsort konzipiert ist. Sie fördert ebenfalls den Austausch zwischen verschiedenen Disziplinen und veranstaltet zahlreiche Treffen, bei denen jungen Künstlern die Möglichkeit gegeben wird, sich mit bekannten Künstlern in Verbindung zu setzen. Die Stiftung ist von Anfang an als offener, zur Verfügung des Publikums stehender Ort, auch als Zuhause für die Künstler gedacht worden, die sich dort gern treffen und sich in Ausstellungen einander gegenüberstellen. Sie sind hier im wahrsten Sinne des Wortes für die Zeit eines Aufenthaltes bei sich zu Hause und können in vollkommener Freiheit im Frieden ihrer Ateliers arbeiten.

Ich möchte auch den Künstlern persönlich meine Anerkennung aussprechen. Sie waren nicht nur von Anfang an mit dem Projekt der Stiftung einverstanden, sondern haben zu jeder Konstruktionsetappe ihren enthusiastischen Beitrag geliefert. Sie haben Werke gestiftet, die sowohl zum Ausgangspunkt der heutigen Sammlungen gehören wie auch zu ihrer späteren Bereicherung beigetragen haben. Am besten läßt sich dieses Abenteuer kennzeichnen durch den im gemeinsamen Kampf um das Ideal der Schönheit entstandenen Zusammenhalt zwischen einem Kunsthändler, Künstlern, großen Dichtern und später auch Kunstsammlern, die die Stiftung mit Donationen unterstützt haben, von den vielen «Freunden» und Mitarbeitern einmal abgesehen, die mit ihren eigenen Mitteln dazu beigetragen haben, die Stiftung am Leben zu erhalten. Letzten Endes möchte ich auch noch erwähnen, daß die Stiftung das einzige französische Museum ist, das ohne jegliche Unterstützung durch öffentliche Gelder auskommt und sich auch weiterhin entwickelt. Hier muß ich nochmals meinen Eltern danken, die nämlich eine Satzung ausarbeiten ließen, die der Stiftung vollkommene Autonomie zusichert.

In einer Zeit, in der die wirtschaftliche Denkweise den Vorrang vor allen sonstigen Betrachtungsweisen hat (versteckt sich denn beispielsweise hinter dem heute so beliebten Mäzenatentum nicht eher eine Rentabilitätsüberlegung?), schien es mir nützlich, noch einmal daran zu erinnern, ohne aber darauf eine Legende aufbauen zu wollen, daß die Fondation Marguerite und Aimé Maeght ihr Dasein der Leidenschaft eines Mannes zu verdanken hat, wie sie heute dasteht und was für einen Weg sie zurückgelegt hat.

Adrien MAEGHT
Präsident der Fondation
Marguerite und Aimé Maeght

MARGUERITE UND AIMÉ MAEGHT

«So wie sie heute dasteht, übertrifft die Stiftung all das, was Aimé Maeght sich zunächst unter diesem Projekt vorstellen konnte, als er sich in tiefster Trauer befindend nach Saint-Paul zurückzog, und von Braque und Léger den Rat bekam, etwas Überwältigendes zu unternehmen»

Henri Maldiney, *Derrière le Miroir*, Nr. 148
Juli 1964

Am 28. Juli 1964 wurden dem damaligen Kulturminister André Malraux auf einem roten Kissen die Schlüssel der Fondation Maeght von Isabelle, Florence und Yoyo, den Enkelinen von Marguerite und Aimé Maeght, überreicht. Die Stiftung ist das erste, in Frankreich nach 1936 (dem Gründungsjahr des Musée d'Art Moderne der Stadt Paris) errichtete «Museum» für moderne Kunst. In Wirklichkeit ist die Stiftung weniger ein Museum als eine Stätte, die allen Formen moderner Kunst gegenüber offen ist.

Der Versuch, der hier unternommen wurde, ist allein das Werk eines Ehepaares, Marguerite und Aimé Maeght, dessen große Leidenschaft der lebenden Kunst galt. Diese architektonische Einheit ist mehr als nur ein Zeugnis des Erfolges eines Kunsthändlers: «Hier wurde etwas nie zuvor Gewagtes versucht: die Welt zu schaffen, auf instinktive Weise und durch Liebe die Welt zu schaffen, in der die moderne Kunst sowohl ihren Platz wie auch die früher als übernatürlich bezeichnete Hinterwelt finden könnte»[1], erklärte damals André Malraux.

Marguerite und Aimé Maeght sorgten dafür, daß die Fundamente der Stiftung auf der sonnigen Flanke eines Hügels in der Provence errichtet wurden. Aber das Projekt wäre ohne die starke Unterstützung der Künstler und des Architekten Josep Lluis Sert nicht gelungen.

Das Projekt reifte lange an. Als es jedoch anfing, Form anzunehmen, enthüllte es den Geschmack eines Ehepaares für die Gestaltung von Stätten und Klimata. Ihr Leben lang verstanden Marguerite und Aimé Maeght es, verschiedene «Zuhause» zu schaffen, die der Kunst Ruhe, Vertrauen und Aufnahme gewährten. Die Fondation Maeght ist das Ergebnis dieses klaren und unerschrockenen Verhältnisses zur Welt. Sie ist ebenfalls das Siegel des außergewöhnlichen Lebenslaufes eines Mannes und einer Frau.

◀ *Marguerite und Aimé Maeght 1952 in Varengeville bei Braque.*

Das *Atelier der Kunsthochschule in Nîmes.*
Aimé Maeghts Stelle ist mit einem Kreuz angegeben.

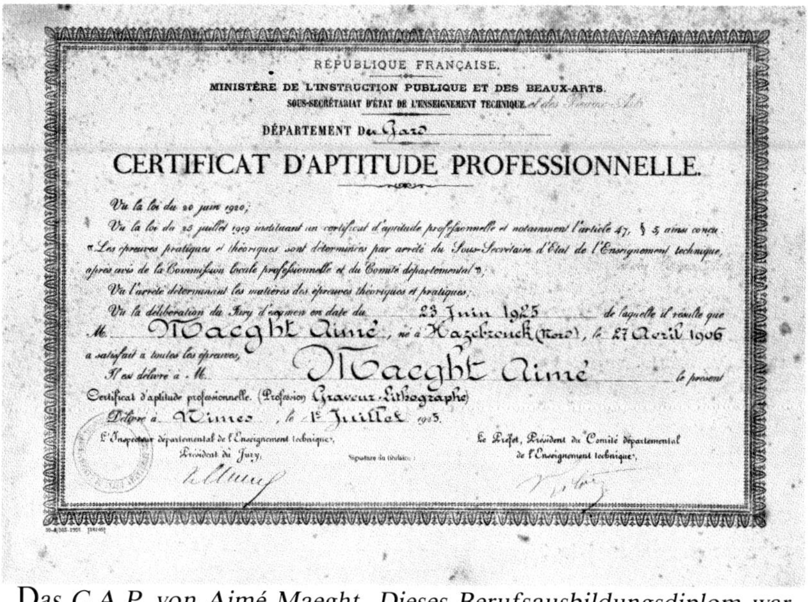

RÉPUBLIQUE FRANÇAISE.

MINISTÈRE DE L'INSTRUCTION PUBLIQUE ET DES BEAUX-ARTS.
SOUS-SECRÉTARIAT D'ÉTAT DE L'ENSEIGNEMENT TECHNIQUE. et des Beaux-Arts

DÉPARTEMENT Du Gard

CERTIFICAT D'APTITUDE PROFESSIONNELLE.

Vu la loi du 20 juin 1920;

Vu la loi du 25 juillet 1919 instituant un certificat d'aptitude professionnelle et notamment l'article 47, § 5 ainsi conçu: « Les épreuves pratiques et théoriques sont déterminées par arrêté du Sous-Secrétaire d'État de l'Enseignement technique, après avis de la Commission locale professionnelle et du Comité départemental »;

Vu l'arrêté déterminant les matières des épreuves théoriques et pratiques;

Vu la délibération du Jury d'examen en date du 23 Juin 1925 de laquelle il résulte que M. Maeght Aimé, né à Hazebrouck (Nord), le 27 Avril 1906 a satisfait à toutes les épreuves,

Il est délivré à M. Maeght Aimé le présent Certificat d'aptitude professionnelle. (Profession Graveur-Lithographe)

Délivré à Nîmes, le 1er Juillet 1925.

L'Inspecteur départemental de l'Enseignement technique, Président du Jury,

Signature du titulaire :

Le Préfet, Président du Comité départemental de l'Enseignement technique,

Das *C.A.P. von Aimé Maeght. Dieses Berufsausbildungsdiplom war das einzige, das er jemals erhielt und für seine Zukunft ausschlaggebend sein sollte.*

Aimé Maeght nach Verlaß der technischen Schule in Nîmes.

Am 27. April 1906 wurde Aimé Maeght als Sohn eines Bahnbeamten in Hazebrouck (Norden Frankreichs) geboren. Seine Kindheit verbrachte er in Nîmes, in der Gegend der Cevennen, wohin seine Mutter als Kriegswitwe vom Roten Kreuz repatriiert wurde.

Marguerite Devaye wurde ihrerseits am 25. August 1909 als jüngste Tochter einer Kaufmannsfamilie in Cannes (Alpes-Maritimes) geboren.

Das Sozialhilfeempfängerkind Aimé Maeght tritt als Internatsschüler in die Realschule in Nîmes ein, interessiert sich für Lesen, Zeichnen und Musik. Von seinem Großvater, den er stark bewundert, lernt er Geige spielen, woraufhin er mit Freunden eine Amateurjazzkapelle, *Le Banana's King Jazz*, gründet, in der er gewandt Geige, Banjo und Schlagzeug spielt und so die Jugend seiner Gegend zum Tanzen bringt. 1925 beendet er seine Ausbildung in der technischen Schule in Nîmes und verläßt sie mit einem Zeichner- und Lithographendiplom.

Marguerite und Aimé Maeght an ihrem Hochzeitstag, am 31. Juli 1928.

Kurze Zeit später läßt er sich in Cannes nieder und arbeitet in der Druckerei *Robaudy*, wo er bald die Aufmerksamkeit auf sich zieht. Als «Chromist» werden ihm Kunstwerke zur Reproduktion anvertraut, wobei er die Übertragungsgesten vollbringen und die Formen, die auf den Stein oder auf die Platte kommen sollen, durchpausen muß. Aimé Maeght zeichnet sich bei dieser Arbeit aus und weist einen angeborenen Farbensinn auf.

Zu diesem Zeitpunkt trifft er auch seine zukünftige Frau, Marguerite Maeght, die er am 31. Juli 1928 heiratet. 1930 wird Adrien Maeght geboren. Noch im gleichen Jahr gründet das Ehepaar die Druckerei *Imprimerie des Arts*, die bis 1946 betrieben wird.

1936 eröffnet Aimé Maeght auf der Rue des Belges, in Cannes, einen Möbelladen, in dem er auch Clarville Funkgeräte verkauft, und den er parallel zu seiner Arbeit bei *Robaudy* betreibt. Im hinteren Teil seines Ladens arbeitet er als Lithograph weiter und erfindet zahlreiche Kürzel, Aufmachungen und Plakate. Zu dieser Zeit trifft er bei *Robaudy* auf Pierre Bonnard, der gerade ein Plakat für Maurice Chevaliers Wohltätigkeitsgala,

Aimé Maeght und Pierre Bonnard 1943 in Cannes.

die das Rote Kreuz für die alten Künstler von Ris-Orangis organisiert, ausführen läßt. Später drückte Bonnard Aimé Maeght seine Hochachtung aus, lobte seinen Sinn für den Drucksatz und das Farbenspiel: «Man merkt, sagte der Maler zu ihm, daß Sie die Chromolithographie erlernt haben, um dieses Beige und dieses Rot mit der Farbe des Fleisches abstimmen zu können.» Ihrerseits hängt Marguerite Maeght einige Bilder in ihrem Laden auf, um ihn zu dekorieren. Paradoxerweise entwickelt sich die Côte d'Azur durch den Krieg zum neuen ökonomischen und intellektuellen Anziehungspunkt des besiegten Frankreichs. Die Gegend wird das Theater eines nie zuvor gekannten Aufbrausens.

Langsam leert sich der Laden aber, da der Vorrat an Produkten zu Ende geht. An den Wänden bleiben nur die Bilder hängen und die lassen sich verkaufen!

Allmählich verwandelt sich der Laden in eine Gemäldegalerie, wo zunächst regionale Künstler wie Pastour und Jaulme ausgestellt werden. Aimé Maeght macht aber weiter und lockt Pougny, Jean-Gabriel Domergues, Sébastien, André Marchand, Dany Lartigue... heran. Die Galerie nimmt den Namen *Arte* an.

Während Aimé in Toulon eingezogen wird, nimmt Marguerite Maeght mit Pierre Bonnard, der sich in der Gegend von Cannet niedergelassen hat, Kontakt auf. Die Anekdote ihres ersten Treffens vergaß er nie. Marguerite Maeght, die die Bedeutung des Malers nicht richtig einschätzt, läßt es sich nicht nehmen, vom ihm ein Bild abzukaufen und erklärt ihm auch noch auf Anhieb, sie halte den genannten Preis für vollkommen unvernünftig.

Die *Galerie Arte, Rue des Belges, in Cannes.*

Schließlich verkaufe sie ja Bilder von Pastour! Amüsiert gibt ihr Bonnard dennoch eines seiner Bilder zum Verkauf, besteht aber auf den Preis. Kaum in die Vitrine gesetzt — zum großen Staunen von Aimé Maeght, der inzwischen von Toulon wieder zurückgekehrt war — wird das Bild verkauft. Über die Malerei wurde auf diese Weise eine Freundschaft geknüpft, die lange Diskussionen über zeitgenössische Kunst unterhielten.

1942 vergrößert sich die Familie. Ein zweiter Sohn, Bernard, wird geboren. Im Jahr darauf lernen Marguerite und Aimé Maeght über Pierre Bonnard Henri Matisse kennen, der in Vence, einige hundert Meter von ihrem Haus entfernt, wohnt. 1944 wird mit der Unterstützung Jacques Kobers der Verlag *Pierre à Feu* gegründet, in dem Aimé Maeght die ersten Werke der Reihe mit gleichem Namen veröffentlicht: *Provence noire* und *Miroirs Profonds*, jeweils von André Marchand und Henri Matisse illustriert.

Zur Zeit der Befreigung knüpft Aimé Maeght gute berufliche Kontakte. Bonnard rät ihn, sich in Paris niederzulassen und begleitet ihn bei

André Chastel, «Bildnis von Marguerite Maeght und ihren Söhnen», 1942, Öl auf Leinwand, 97 × 130 cm.

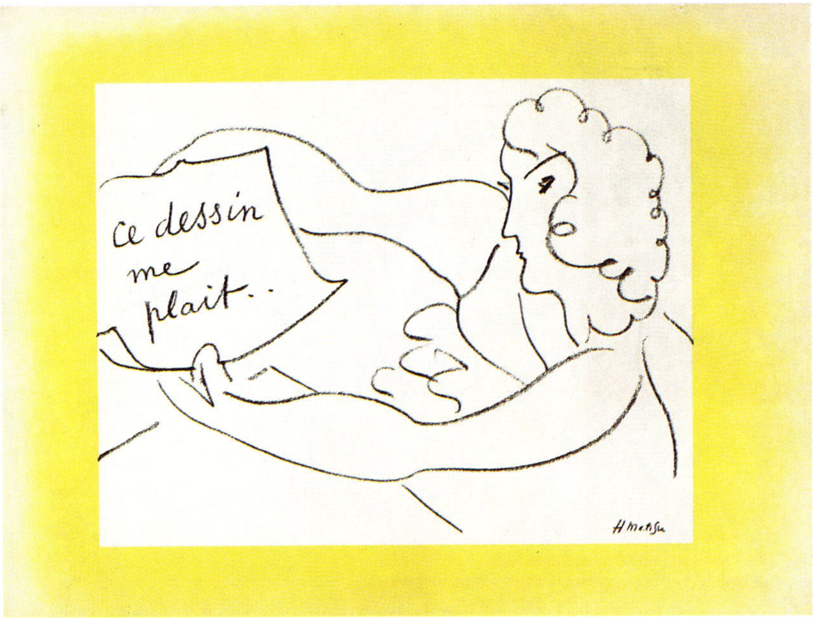

Henri Matisse, Einladungskarte zur Einweihung der Galerie Maeght in Paris, 1945.

der ersten Erkenntnisreise. Aimé Maeght hat Glück. André Schoeller, einer der wichtigsten Experten aus Paris, beschließt, seine sich auf der Rue de Téhéran (im achten Arrondissement von Paris) befindende Galerie zu verkaufen. Bonnard drängt Aimé Maeght dazu, das Lokal zu erstehen. Matisse, der zu dieser Zeit mit keinem spezifischen Kunsthändler zusammenarbeitet, unterstützt ihn und verspricht, ihm seine neuesten Werke für die erste Ausstellung zur Verfügung zu stellen.

So wird im Oktober 1945, mit Matisses letzten Werken, die Galerie Maeght eröffnet. Hiermit beginnt eine intensive künstlerische Aktivität, die sich auf alle Gebiete ausdehnt und an der Maler und Schriftsteller teilnehmen. Buch und Estampe sind für Aimé Maeght wesentliche Ausdrucksformen. Er verfolgt ihr Werden persönlich und erfindet gelegentlich neue technische Lösungen zu den von Künstlern und Schriftstellern gestellten Problemen.

Alberto Giacometti, «Bildnis von Aimé Maeght», 1960, ▶
Bleistift auf Papier, 47,5 × 31 cm.

Alberto Giacometti

Henri *Matisse, «Bildnis von Marguerite Maeght», 1947,* ▶
Kohlezeichnung, 61 × 47 cm.

1946 wird *Derrière le Miroir* gegründet. Diese Großformat-Zeitschrift genießt bald einen großen Ruf. An Stelle der kleinen Ausstellungskataloge wird die anfangs nur aus einem einfachen, vierfach gefaltenem Blatt bestehende Zeitschrift mit Originallithographien und Texten von Dichtern, Schriftstellern, Philosophen oder Kritikern veröffentlicht. Die Druckerei *Imprimerie des Arts* schließt in Cannes ihre Türen. Drucksachen werden von jetzt an der Druckerei *Union* oder *Féquet et Baudier* anvertraut, die Lithographien werden im *Atelier Fernand Mourlot* in Paris ausgeführt.

Im Juli 1947 organisiert die Galerie Maeght zusammen mit André Breton und Marcel Duchamp die *Seconde Exposition Internationale du Surréalisme*, die einen riesigen Erfolg erziehlt und der Galerie allgemeine Bekanntheit erschafft.

Aimé *Maeght und André Breton, 1947.*

Im selben Jahr lernt Aimé Maeght Joan Miró kennen. Miró ist vierundfünfzig, stammt aus Barcelona, lebt aber abwechselnd in Paris und in Spanien. Für die Weltausstellung 1937 hatte er ein großes Wandgemälde, *Le Faucheur* — das neben *La Fontaine de mercure* von Calder, *La Monserrat* von Julio Gonzales und *Guernica* von Picasso ausgestellt worden war — für den Pavillon der Spanischen Republik, dessen Architekt der zu seinem Freundeskreis zählende Josep Lluis Sert war, geschaffen. Miró wird 1948 in die Galerie, zu der schon Georges Braque und Fernand Léger gehören, aufgenommen; später kommen Bram Van Velde, Marc Chagall, Alexander Calder, Raoul Ubac dazu.

Die Herausgeberaktivitäten nehmen immer mehr zu. Es werden zahlreiche Liebhaberwerke veröffentlicht. Aimé und Marguerite Maeght kaufen in Saint-Paul ein Grundstück. 1951 stellt die Galerie Werke von Wassili Kandinsky und Alberto Giacometti aus. Sie beschäftigt sich sowohl mit der Bestätigung künstlerischer Persönlichkeiten, wie auch mit der Förderung junger Talente wie Saül Steinberg, Pierre Tal-Coat, Pablo Palazuelo, Eduardo Chillida, Ellsworth Kelly, François Fiedler.

Wassili Kandinsky, «Le Nœud rouge», 1936,
Öl auf Leinwand, 89 × 116 cm.

Aimé Maeght gründet seine eigenen Lithographie- und Druckateliers in Levallois, einem Pariser Vorort. 1965 kommen diese Ateliers zu der von Adrien Maeght 1964 in Paris, 13 rue Daguerre, unabhängig gegründeten Druckerei *Arte.* Nach den großen Meistern stellen Marguerite und Aimé Maeght in den sechziger Jahren Jean-Paul Riopelle, Antoni Tàpies, Pol Bury, Valerio Adami, Paul Rebeyrolle aus. Von allen Künstlern verlangen sie nur das, was sie von sich selbst erwarten: Risiken eingehen, eigene Ideen bis ans Ende verfolgen. Sie zögerten nie, sich von Meisterwerken ihrer Sammlung zu trennen, um junge Künstler, an die sie glaubten, durchzusetzen. Sie trennten niemals das Werk vom schöpfenden Lebewesen. Künstler waren für sie Freunde; einmal aufgenommen, gehörten sie zur Familie, weshalb kein einziger Künstler jemals einen Vertrag unterschrieb.

«Wenn man sich gut versteht, pflegte Marguerite Maeght zu sagen, nützt ein Vertrag nichts, und wenn man sich nicht versteht, bringt ein Vertrag auch keine Lösung.»[2]

Georges Braque, «Les Oiseaux noirs», 1956-1957, Öl auf Leinwand, 129 × 180 cm.

54
F.LEGER

◂ *Fernand Léger, «La Partie de campagne» (letzter Etat), 1954, Öl auf Leinwand, 301 × 245 cm.*

Alles ist einzig eine Frage von vollem Vertrauen.

Anfang der sechziger Jahre wächst die Galerie zu einer der wichtigsten der Welt an. Taufpaten der Galerie sind zwei historische Figuren der Kunst des zwanzigsten Jahrhunderts, Bonnard und Matisse. Das solidarische Ehepaar Aimé und Marguerite Maeght ergänzt sich vollkommen bei der Auswahl der Künstler: «Frauen, erkärte Marguerite Maeght später, besitzen einen größeren Instinkt und spüren Gefahren besser als Männer. Ich glaube, meinem Mann insofern nützlich gewesen zu sein, da ich ihm die Kehrseite des Lebens zeigte. Er ist ein Enthusiast, ein sehr optimistischer Mann. Ich bin nicht pessimistisch, aber logischer.»

Adrien und Aimé Maeght mit Louis-Gabriel Clayeux, 1956.

Marguerite Maeght und Marc Chagall.

Die Wahl von soviel unterschiedlichen Persönlichkeiten wie Miró, Braque, Chagall, Tal-Coat, Giacometti, Calder unterstreicht die Verweigerung von Seiten der Galerie, sich auf eine einzige Kunstrichtung einzustellen. Mit der Unterstützung von Louis-Gabriel Clayeux, Direktor der Galerie seit 1947, erfand Aimé Maeght einen Raum freien Schaffens, wo von Anfang an Wort und Bild in Form von Veröffentlichungen miteinander verbunden waren.

CATI CHAMBON

1. Rede zur Einweihung der Stiftung, *Derrière le Miroir*, Nr. 145, Maeght Éditeur, Paris, 1964.
2. Interview mit Marguerite Maeght, Pierre Dumayet, *Du côté de chez les Maeght*, von Jean-Michel Meurice, 1973, ORTF und Maeght Producteur.

Pierre Bonnard, *«Jeune fille étendue», 1921,*
Öl auf Leinwand, 56 × 61 cm.

URSPRUNG DES PROJEKTES

Alberto Giacometti, Louis-Gabriel Clayeux und Josep Lluis Sert auf der Terrasse des Mas Bernard in Saint-Paul.

«Ich besaß sechs Hektare auf dem Hügel der Gardettes. Dort habe ich mein Haus gebaut. Aber einer meiner Söhne starb und ich hatte zu nichts mehr Lust. Zum ersten Mal in meinem Leben ließ ich mich gehen. Ich kann sagen, die Maler waren es, die mich noch einmal auf den richtigen Weg setzten. Georges Braque regte mich an, etwas zu unternehmen, das helfen würde, meinen Schmerz zu lindern: dort wo wir uns befinden, zwischen Thymian und Rosmarin, eine der modernen Kunst gewidmete Stätte zu errichten. Und Fernand Léger sagte mir: «Wenn du das machst, bringe ich dir meine Kleckserei. Ich bin bereit, selbst Felsen zu bemalen.»[1]

1953, nach dem Tod ihres jüngsten Sohnes Bernard, der der Leukämie zum Opfer fiel, unternehmen Marguerite und Aimé Maeght, zutiefst gestört, auf den Rat von Fernand Léger hin, eine Reise in die Vereinigten Staaten. Während ihres Aufenthalts besuchen sie 1955 die amerikanischen Stiftungen: Barnes, Phillips, Guggenheim. Der Gedanke, eine Stiftung zu gründen, nimmt langsam Gestalt an. In einem 1974 im *Le Monde* veröffentlichten Interview, bestätigte Aimé Maeght später, daß dieses Projekt mehr als die Verwirklichung eines einfachen Traumes, ja etwas Geheimes darstellte, an dem er hing und das ihm beim Leben weiterhalf. Er möchte dort seine Sammlung zusammenbringen und seinen Freunden Künstlern einen Ort schenken, wo sie gemeinsam arbeiten und Ideen austauschen können. Hiermit ist Aimé Maeght die Gelegenheit gegeben, ein schöpferisches Werk zu vollbringen. Er spürt erneut Lust, Risiken einzugehen. In seiner Pariser Galerie, die tausendfünfhundert bis zweitausend Bilder zählt, fühlt er sich bedrängt, da ihm nie die Möglichkeit gegeben ist, mehr als vierzig oder fünfzig Bilder auf einmal auszustellen. «Ich brauchte Luft und Platz. Ich hatte keine Lust, eine Supergalerie an Stelle einer Stiftung zu errichten, sondern suchte etwas, das einerseits der Gemeinschaft angehören, andererseits aber unabhängig sein sollte, um mich frei bewegen zu können.»

Zu diesem Zeitpunkt sind die französischen kulturellen Ereignisse in Paris konzentriert und die Wahl von Saint-Paul als Gründungsort für die Stiftung gleicht einer Herausforderung.

Aimé Maeght lernt Josep Lluis Sert in Harvard kennen. Letzterer hat mit Le Corbusier gearbeitet und ist seit 1931 Mitglied des GATCPAC (Gruppe katalanischer Architekten und Techniker für den Fortschritt der katalanischen Architektur). Diese Gruppe veröffentlichte eine Zeitschrift, *Documento de Actividad Contemporanea* (AC gennant), dessen Leitartikel eine südländische Architektur verteidigte, nämlich die der spanischen Dörfer der Mittelmeerriviera, mit Ibiza als Beispiel und Modell. 1955 baut Sert in Palma de Majorca das Atelier von Joan Miró, das Aimé Maeght

◀ *Aimé Maeght und Georges Braque, 1955.*

1956 besucht. Die Schönheit des Ortes und der funktionelle Aspekt des Baus beeindrucken ihn. In Havard legen Josep Lluis Sert und Aimé Maeght die Grundlinien einer «idealen Galerie» fest, die an einem einzigartigen Ort der Côte d'Azur, in der Nähe des Mittelmeers und der südlichen Alpen, errichtet werden soll. Drei Jahre lang, während denen Josep Lluis Sert Walter Gropius an der Spitze der Fakultät ablöst, arbeiten beide Männer an der Stiftung mit dem Willen, aus ihr eine Stätte zu machen, die ermöglichen sollte, Kunst unter den besten Voraussetzungen zu genießen. Beide sind sie gegen die Idee des Museums als geschlossene Einheit und Riesenlabyrinth, in dem man an allen Werken vorbei muß, um ein bestimmtes unter ihnen betrachten zu können. Josep Lluis Sert verteidigt eine klimatisch bedingte, sich im Hinblick auf Mittelmeerverhältnisse, wie intensive Sonne, klare Atmosphäre und freundliche Landschaft, anpassende Architektur. «Unsere Kunst kann nur natürliche, geographische, ewige Grenzen respektieren.»[2]

Konkret gesagt, stehen am Ausgangspunkt des Projekts die Ruinen einer kleinen, dem Heiligen Bernhard gewidmeten Kapelle, die auf dem Gebiet der Gardettes, in der Nähe von Marguerite und Aimé Maeghts

Grundstück entdeckt worden war. Das Ehepaar entscheidet sich für den Wiederaufbau, die Kapelle soll zur Stiftung gehören.

Von Anfang an setzt eine enge Mitarbeit zwischen dem Architekten und seinem «Kunden» ein. Einige Wochen später empfängt Aimé Maeght in Saint-Paul die ersten Entwürfe von Sert. Sämtliche Bauten sind bis in die letzten Einzelheiten aufgezeichnet, die Kapelle inbegriffen. Der erste von Marguerite und Aimé Maeght festgehaltene Entwurf gleicht einem Dorf. Er ist antimonumental und imposante Fassaden lassen hier kleineren, den dörflichen Häusern (wie denen von Saint-Paul) ähnelnden Volumen den Vorrang. Diesem Entwurf wird schließlich aber noch ein einfacherer vorgezogen, in dem zwei Baukörper durch eine Eintrittshalle verbunden sind. Das Unternehmen ist gewaltig, voll unabsehbarer Aspekte, das Ehepaar zweifelt, stürzt sich aber doch ins Abenteuer.

1. *Le Monde*, 1974
2. 1934 vor der Schülergemeinschaft der Architekturhochschule in Barcelona gehaltene Rede.

Modell der Stiftung.

LEGENDE

EINTRITTSGARTEN

- 1 MOSAIK VON PIERRE TAL-COAT
- 2 «PÉPIN GÉANT» VON JEAN ARP
- 3 «LES RENFORTS», STABILE VON ALEXANDER CALDER
- 4 «LES AMOUREUX», MOSAIK VON MARC CHAGALL
- 5 KAPELLE DES HEILIGEN BERNHARD
  - a) «GLASFENSTER» VON GEORGES BRAQUE
  - b) «DAS KREUZ UND DER ROSENKRANZ», GLASFENSTER VON RAOUL UBAC
  - c) «KREUZWEG», SCHIEFERPLASTIK VON RAOUL UBAC
- 6 «HEILIGE BERNHARD» VON EUGÈNE DODEIGNE
- 7 «FONTAINE» VON POL BURY
- 8 CAFÉ DER STIFTUNG

INNENHOF

- 9 EINTRITTSHALLE
- 10 SAAL ALBERTO GIACOMETTI
- 11 SAAL WASSILI KANDINSKY
- 12 SAAL MARC CHAGALL
- 13 SAAL JOAN MIRÓ
  - a) GLASFENSTER VON JOAN MIRÓ
- 14 SAAL GEORGES BRAQUE
- 15 PATIO
  - a) «JEUNE FILLE S'ÉVADANT», BRONZE, BEMALT VON JOAN MIRÓ
- 16 «LES POISSONS», BECKEN MIT MOSAIK VON GEORGES BRAQUE

GIACOMETTIHOF

a) «L'HOMME QUI MARCHE I ET II», BRONZE, BEMALT
b) «GRANDE TÊTE I», BRONZE, BEMALT
c) «GRANDE FEMME DEBOUT», BRONZE, BEMALT

RATHAUSFLÜGEL

- 17 BUCHLADEN
- 18 RATHAUSSAAL (SALLE DE LA MAIRIE)
- 19 UNTERGESCHOß: PROJEKTIONSSAAL
- 20 ZWEITER STOCK: SEKRETARIAT UND ARCHIV
- 21 DRITTER STOCK: DACHTERRASSE

MIRÓS LABYRINTH

- 22 «CERF-VOLANT»
- 23 «MUR DE LA FONDATION»
- 24 DER TURM UND WANDKERAMIKEN
- 25 «LE LÉZARD»
- 26 BECKEN MIT «GARGOUILLE»
- 27 «LE GRAND ARC»
- 28 BECKEN MIT «L'ŒUF DE MAMMOUTH»
- 29 «LA DÉESSE», KERAMIK
- 30 «LE CADRAN SOLAIRE», KERAMIK
- 31 «LA FOURCHE», EISEN UND BRONZE
- 32 «OISEAU SOLAIRE», MARMOR
- 33 BECKEN MIT
  - a) «PERSONNAGE» (TOTEM), KERAMIK
  - b) «FEMME À LA CHEVELURE DÉFAITE», MARMOR
- 34 «OISEAU LUNAIRE», MARMOR
- 35 BECKEN MIT «GARGOUILLE» UND ZWEI «PERSONNAGES», KERAMIK

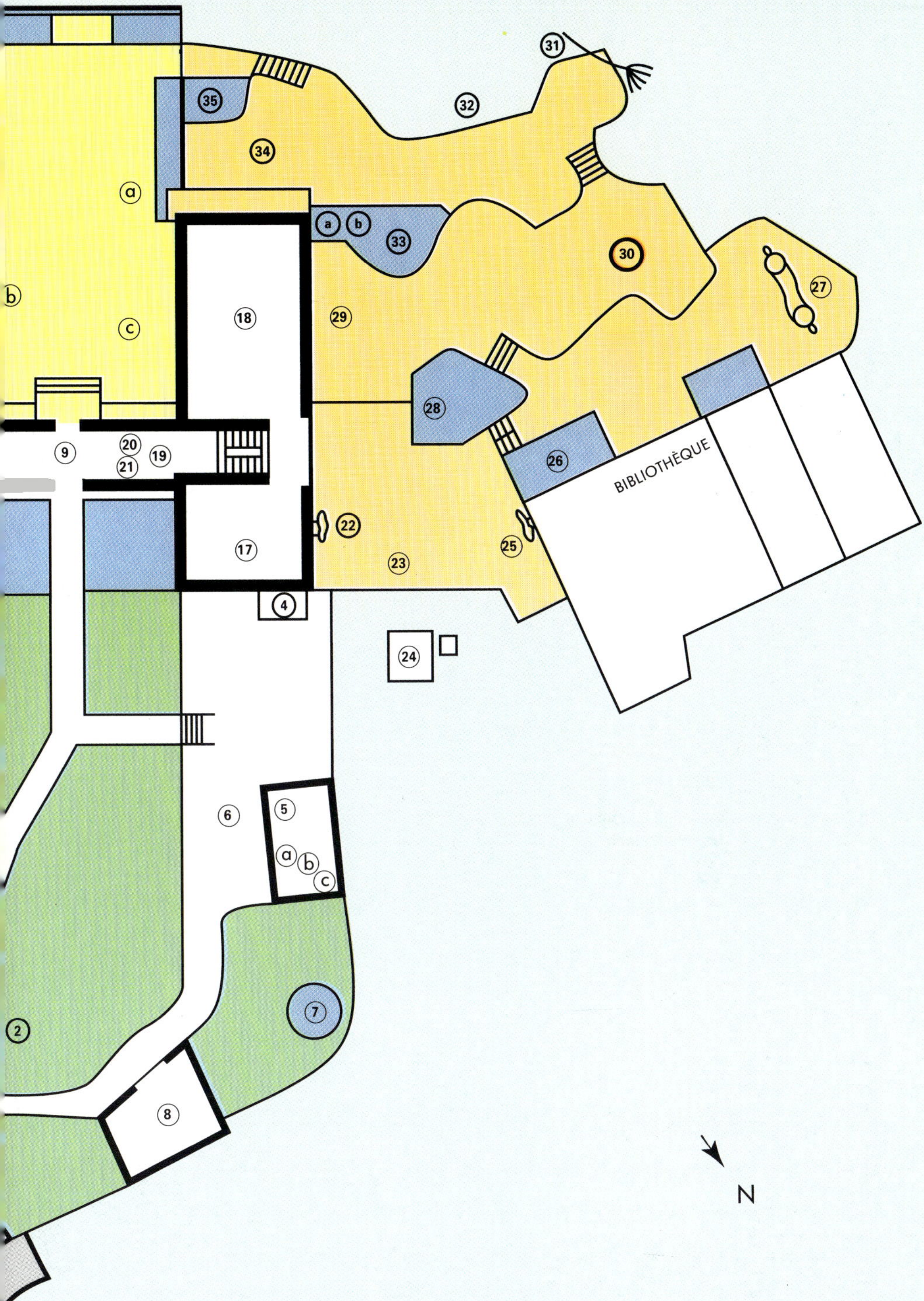

BIBLIOTHÈQUE
N

In der «Colombe d'or», während des letzten Aufenthalts von Braque in Saint-Paul, 1962: Paule Maeght mit einem von Calder gestaltenem Armreif, Charlie Chaplin, Jacques Prévert, Georges Braque und Frau Braque.

BAU DER STIFTUNG

Aimé Maeght, Josep Lluis Sert und Marguerite Maeght bestimmen die genaue Lage der Gebäude.

Bevor Aimé Maeght überhaupt der Gedanke kam, eine Stiftung zu gründen, war Saint-Paul schon längst ein von den Künstlern auserkorener Ort. Im Mas Bernard, dem Besitz von Marguerite — die von den Freunden Guiguite genannt wird — und von Aimé Maeght sind sie genauso bei sich zu Hause wie bei Titine und Paul Roux, die das Gasthaus «La Colombe d'Or» führen.
Braque läßt sich hier jedes Jahr im Januar und Februar nieder. Er arbeitet nicht im wahren Sinne des Wortes, zeichnet aber, macht Entwürfe und Skizzen. Joan Miró reist mit seiner Familie im Sommer an. Bei dieser Gelegenheit treffen sich drei Generationen von Maeght und Miró. Der Maler nützt den Ort, um Lithographien und Drucke auszuführen. Jean Bazaine und Raoul Ubac gehören ebenfalls zu den Vertrauten. Wahre geistige Affinitäten unter den Malern, die sich hier gern treffen, führen zu Gewohnheiten. Bald kommen auch Schriftsteller dazu. René Char kommt ab und zu, Pierre Reverdy ist regelmäßig anwesend. Beide schreiben hier Texte für ihre Kataloge. Sartre, Paulhan und Prévert werden ebenfalls empfangen. Alle fühlen sich dank der Gastfreundschaft von Marguerite und Aimé Maeght in Saint-Paul zu Hause.

Joan Miró zeichnet auf einer Zinkplatte.

Um den Traum in Wirklichkeit zu verwandeln, muß jeder am Bau der Stiftung teilnehmen. Aimé Maeght akzeptiert die unterschiedlichsten Anregungen und setzt lediglich als Bedingung, daß diese Ideen technisch umzusetzen seien. Die Künstler der Galerie Maeght werden in das Projekt der Stiftung einbezogen: Georges Braque, Marc Chagall, Joan Miró, Alberto Giacometti, Alexander Calder, Eduardo Chillida, Raoul Ubac, Pierre Tal-Coat, Josep Llorens Artigas...

Beginn der *Bauarbeiten der Stiftung.*

Am 5. September 1960 fangen die Bauarbeiten an. Die in Cambridge (USA) begonnene Zusammenarbeit wird mit jedem Schritt weiterverfolgt. Zwei Architekten aus der Gegend von Cannes, Bellini und Lizero, dirigieren die Bauarbeiten. Jedesmal wenn Sert mit den Künstlern zusammenkommt, wird neu diskutiert, was oft direkt auf dem Baufeld geschieht, auf dem die Umrisse der Bauten schon zu erkennen sind.

Der *Bauplatz mitten unter den Bäumen.*

Zu Beginn sind drei Bauetappen vorgesehen, die sich über zehn Jahre hinziehen sollen. Letztendlich wird ununterbrochen während knapp vier Jahren gebaut.

Sobald die Raumverteilung auf dem Gelände erkennbar wird, lassen Grundriß und Mauern Serts südländische Architektur erscheinen. Mittag- und Abendmahlzeiten zögern sich nun durch einen Spaziergang auf dem Baugelände hinaus. Das Wesentliche läßt sich jetzt besser erkennen: es geht darum, den Bau in die Landschaft, die so weit wie möglich geschont werden soll, einzugliedern. Die existierenden Pflanzen und Bäume, besonders Pinien, Rosmarin, Lavendel sind ortspezifisch. Der richtige Maßstab muß gefunden werden, um sie richtig miteinzubeziehen. Alle sind damit einverstanden, daß ein monumentaler Bau hier nicht hineinpaßt. Es soll hier kein traditionelles Museum ans Tageslicht kommen, sondern eine ideale Galerie, in der die Werke in gleichmäßigen, klaren, neutralen und natürlichen Sonnenverhältnissen ausgestellt werden können. Die Wahl des Lichtes ist eins der Hautprobleme und verlangt eine architektonische Lösung. Im Januar 1960 baut Sert mit seinen Schülern in Harvard ein

Die aus Beton gegossenen Impluviums krönen den Bau.

Die *«Lichtfallen» (Außen- und Innensicht).*

veränderbares und orientierbares Gebäude aus Sperrholz, mit dem er die Verteilung des Lichtes studiert. Das Resultat bestätigt seine Vermutungen. Unabhängig von der Position der Sonne zu den verschiedenen Tages- und Jahreszeiten, fallen die von dem Boden und den Wänden reflektierten Sonnenstrahlen ständig im Winkel von fünfundvierzig Grad auf die Bilder, ohne den Zuschauer zu blenden. Sert arbeitet ebenfalls eine spezielles zenitales Belichtungssystem aus, das in allen Sälen der Stiftung angebracht wird.[1]

Die Topographie spielt bei der Bestimmung des Stils und der Einrichtung der Räume, der Höfe und der später dazugekommenen Gartenterrassen eine wesentliche Rolle. Der Abhang und seine runden Umrisse bestimmen deren Bewegung und die sich ständig ändernde Orientierung. Dementsprechend werden Ausstellungsräume, Höfe und Gärten auf verschiedenen, von Steinmäuerchen getragenen Terrassenstufen angelegt, im Gegensatz zum Dach, das immer die gleiche Höhe beibehält.

Am Anfang beabsichtigt Sert, die Mauern und die tragenden Wände aus rohem entschaltem Beton errichten zu lassen. Als er aber Ziegel und Steine aus der Gegend sieht, entscheidet er sich anders. Er bevorzugt den aus dem Hügel gewonnenen Stein. Die Ziegel füllen die Wandteile zwischen Beton und Stein. Dank deren Verwendung wird die Produktion der lokalen Ziegelfabrik von Clausonnes wieder angekurbelt.

«Die nicht gerade klaren, aber auch nicht dunklen, sondern braunrosafarbenen, vom Feuer unterschiedlich gefärbten Ziegel, eignen sich bestens zum Unterstreichen der Stille der Höfe. Plattenförmig zwischen Säulen und Betonbalken angelegt, betonen sie die Realität der Wand und verleihen an ihrer Oberfläche den Eindruck eines Körpers.»

Die dreihundertausend benutzten Ziegel aus rosafarbenem Sand wurden nach der örtlichen Tradition mit der Hand geformt und im Ofen gebrannt. Als Modell dienten hierfür die Ziegel der Villa Hadriana von Tivoli, in der Nähe von Rom. Der für den Rest des Baus benutzte Beton wurde mit einer weißen filmartigen Farbe, dem «cocoon», verputzt, unter der die Umrisse der Schalen durchleuchten. Die beiden Impluviums, die das Dach krönen und die nach den aus dem Hohen Altertum stammenden Prinzipien konzipiert wurden, entlasten den Bau. Sie sammeln das Wasser ein, das in die Becken weitergeleitet wird. Aimé Maeght, der immer wieder nachdrücklich an die Wasserschwierigkeiten der Mittelmeergegenden erinnerte, liebte es, darauf hinzuweisen, daß am Anfang der Stiftung folgendes Zitat von Saint-Jean de la Croix steht: «Das Ewige und das Plätschern seiner Quelle».

◀ *Aimé Maeght bei den Bauarbeiten der Stiftung, 1963.*

◀ Der *Giacomettihof.*

Die Stiftung empfängt den Besucher mit der Frische und dem Pinienduft des Eintrittgartens, der den zwei großen, hellen, den Giacomettihof einrahmenden Ziegelsteingebäuden vorliegt. Die Terrassengärten von Mirós Labyrinth, das Wandmosaik von Tal-Coat, die kleine Kapelle mit dem Kreuzweg von Ubac tragen zum Gefühl innerer Ruhe bei, das man vom ersten Augenblick an empfindet.

Am 28. Juli 1964 wurden André Malraux die Schlüssel der Stiftung von Marguerite und Aimé Maeghts Enkelinen übergeben. Am Ende des Abendmahls, vor Beginn des von Ella Fitzgerald und Yves Montand gegebenen Konzertes, ergriff der Minister vor den versammelten Gästen das Wort:

«Wüßte man nicht, sehr geehrter Herr, was diese Stiftung für Sie bedeutet, so hätte man es seit einigen Minuten am Ton Ihrer Stimme erfassen können. Im Namen Frankreichs teile ich mit Ihnen alles, was Sie für uns alle und für jeden einzelnen, im Namen der Verstorbenen aber auch in dem der Lebenden, ausgesprochen haben. Ich möchte versuchen auszudrücken, inwiefern, unabhängig von allen Diensten, die Sie Ihr Leben lang unserem Land erwiesen haben — alles was Sie unternahmen ist ein Lebensziel und keine Art von Zufall —, Ihr Werk mir mehr als das einer Stiftung erscheint und, wenn Sie es mir gestatten wollen, weshalb dieser Abend vielleicht einen historischen Charakter besitzt (...) Gnädige Dame, gnädiger Herr, indem Sie wahrscheinlich versuchten, die Leidenschaften eines Lebens zusammenzufassen, dadurch, daß alle der hier anwesenden Maler bis zu einem bestimmten Grade entweder Dichter sind oder aber Männer, die die Poesie unserer Epoche auf eindrucksvolle Art und Weise auszudrücken wissen, haben Sie versucht, etwas zu errichten, was weder ein Palast noch eine Dekorationsstätte und auf keinen Fall, dies sei sofort klargestellt, da ein Mißverständnis entstehen und aufgebauscht werden könnte, ein Museum ist. Dies ist kein Museum.

Marguerite und Aimé Maeght
am Abend der Einweihung der Stiftung. ▶

◀ *Von ihren Großeltern Marguerite und Aimé Maeght umgeben, überreichen Yoyo, Florence und Isabelle am Abend der Einweihung (28. Juli 1964) André Malraux die Schlüssel der Stiftung.*

Als wir vorhin den Teil des Gartens besuchten, in dem sich die Werke von Miró befinden, passierte genau dasselbe wie in dem Raum, in dem Chagall ausgestellt ist. Die kleinen Hörner mit ihrer unglaublichen, traumhaften Kraft, die Miró neu erfindet, fangen an, in Ihrem Garten eine Beziehung zur Natur zu entwickeln, die noch nie zuvor existiert hat.

Wenn wir von Stiftungen sprechen, so hätte die bekannteste amerikanische Stiftung, das heißt Barnes, falls sie sich hier befände, keinen Zusammenhang mit dem, was Sie aufgebaut haben, sie läge fünfzig Jahre zurück, denn so bewundernswert sie auch ist, sie bleibt ein Museum. Hier wurde etwas Neues versucht, dessen Resultat wir nicht beurteilen können, da es der Zukunft angehört: auf instinktive Weise und durch Liebe die Welt zu schaffen, in der die moderne Kunst sowohl ihren Platz als auch die früher als übernatürlich bezeichnete Hinterwelt finden könnte.

Nach der kurzen Ansprache von Aimé Maeght hält André Malraux seine Einweihungsrede. Links von ihm ist Marguerite Maeght zu erkennen. ▶

◀ *Ella Fitzgeralds Solokonzert am Abend der Einweihung.*

Dieses Werk ist kaum beendet worden und schon genießen wir das Schweigen, das auf den letzten Hammerschlag folgt. Ich denke an Shakespeare: «In solch einer Nacht, Jessica...» Gut. In solch einer Nacht hörte man auf das Schweigen, das auf den letzten Hammerschlag, der den Parthenon fertigstellte, folgte, in solch einer Nacht hörte Michelangelo auf die letzten Hammerschläge des Baus von Sankt Peter.

Gnädige Dame, gnädiger Herr, ich hebe mein Glas demjenigen entgegen der später, wenn an dem Ort, wo Paris einmal war, sich flüsternde Leute über seine Inschrift: «hier wuchs die Malerei zwischen den Pflastersteinen» beugen, hierher kommt und sagt: «diese Beziehung, die unsere jetzige Beziehung zum Leben ist und von der Malerei herkommt, wurde vielleicht in dieser Nacht geboren». Und wenn dies hier nicht mehr existiert, wird der Mann, dem ich mein Glas entgegenhebe, eine kleine Inschrift machen: «heute geschah hier vielleicht etwas Geistiges».

Auf diese Art und Weise wurde die Fondation Maeght in dieser Sommernacht des Jahres 1964 die erste Stätte lebender moderner Kunst.

1. Siehe Kapitel *Besuch*.

Yves Montand bei der Einweihung der Stiftung. ▶

Eduardo Chillida, «Iru Burni», 1966-1969, Granit, 105 × 99 × 93 cm.

IV

BESUCH DER STIFTUNG

Der Eintrittsgarten

Hat man die Schwelle der Stiftung betreten, befindet man sich auf dem Weg, der zur Eingangshalle führt. Auf beiden Seiten dehnt sich der Pinienwald aus. Ein Rasen erstreckt sich bis zur äußeren Mauer, die mit einem Mosaik von Pierre Tal-Coat überzogen ist. Es wurde 1964 geschaffen, ist 44 m lang, 2,20 m hoch und auf Grund der bei der tesselarischen Arbeit benutzten erdfarbenen Elemente so mit der Landschaft verschmolzen, daß man es fast übersieht. Tal-Coat liebte harte Unterlagen. Zum Malen gebrauchte er Holztafeln, Zigarrenschachteln... und der Stein gehörte selbstverständlich zu den von ihm bevorzugten Materialien. Das von Tal-Coat gewählte Motif ist keine abstrakte Komposition, auch wenn es als solche erscheint. Parallel zu den Themen, die er in seinen Bildern und Zeichnungen zu diesem Zeitpunkt entwickelte, werden in dem aus der Vorgeschichte inspirierten Mosaik Feuersteinadern, Hexenkreise... behandelt. Dieses auf die Natur bezogene Werk findet hier den nötigen offenen Raum, in dem die weder eingerahmten, noch einer traditionellen Perspektive unterworfenen Werke als plötzlich auftauchend empfunden werden, ähnlich wie bei den Malereien der Grotte von Lascaux. Tal-Coat wußte es, die Porosität und die Unebenheiten der Mauer zu nutzten, um ein Steingemälde zu schaffen, dessen souveränes Modell sicher das Mosaik von San Vitale aus Ravenna ist. Das Werk besitzt durch das Spiel der unterschiedlich großen, das Licht mit unterschiedlicher Intensität aufnehmenden Elemente die «unmerkliche Wellenbewegung», von der Tal-Coat sprach.

Vor der äußeren Mauer, mitten auf dem Rasen, stehen mehrere Skulpturen — die dort nicht ihren permanenten Standort haben und mit den Ausstellungen wechseln —, unter denen sich *Statue pour un jardin* (1958) von Ossip Zadkine befindet. Dieser Künstler russischer Herkunft, seit 1909 in Paris ansäßig, war, zusammen mit Laurens und Lipchitz, einer der leidenschaftlichsten Verteidiger der kubistischen Bildhauerkunst, bevor er sich auf die Bewegung des Körpers konzentrierte und die Reliefs durch hohle Formen ersetzte. Durch solche Kontraste und durch die ständige Unterbrechung der in Bronze gegossenen Reliefs bringt Zadkine den individuellen Wert der einzelnen Elemente zum Vorschein. So paradoxal es auch klingen mag, die Skulptur gewinnt dadurch an Einheit und an Form, wie wenn von einem senkrechten Elan besessen.

Nicht weit entfernt steht Jean Arps *Pépin Géant*. Dieser französische Dichter, Maler und Bildhauer, Mitglied des Blauen Reiters und in der Dadabewegung in Zürich engagiert, schuf 1917 seine ersten Holzreliefs, die er

◀ *Jean Arp, «Pépin géant», 1937-1966, Bronze, poliert, 162 × 127 × 77 cm.*

ZADKINE

◀ *Ossip Zadkine, «Statue pour un jardin», 1958, Bronze, Nr. 2/6, 253 × 112 × 57 cm, und Pierre Tal-Coats Mosaik.*

an die Wände hing. Ab 1931 beschäftigt sich Arp mit der Rundplastik. Er lehnt die gerade Linie ab und seine *Concrétions humaines*, die direkt auf dem Boden stehen, erinnern an die Metamorphosen des Körpers, auch wenn sie nicht figurativ sind. Es geht diesem Künstler jedoch nie darum, die Natur zu reproduzieren, sondern eher darum «so zu produzieren wie eine Pflanze eine Frucht produziert». Den ersten Riesenkern schuf Arp in Gips. Er wurde später von einem Steinmetz in Stein gemeißelt — es handelt sich um das Exemplar, das sich im Musée National d'Art Moderne in Paris befindet. Die ersten Bronzeproben wurden erst 1939 auf den Vorschlag von Peggy Guggenheim, der bekannten amerikanischen Kunsthändlerin, hin gegossen.

Neben Arps Werk steht die *Große Fließende* (1965) von Norbert Kricke, die ihre feinen Stahlrohre einer Parabole gleich ausbreitet und die Fähigkeit besitzt, ohne Gebrauch eines Zentralkernes den Raum dennoch auszufüllen.

Sicht von der Eingangshalle der Stiftung her.
«Les Renforts» von Alexander Calder, 1965, Stabile, 630 × 500 cm.

Alexander Calder, «Humptulips», 1965,
Stabile-Mobile, 250 × 110 × 90 cm.

Gegenüber von Krickes Skulptur stoßen wir auf Alexander Calders tief in der Erde verankerten *Renforts*, die im gleichen Maße schwarz sind wie Krickes Skulptur glänzend ist. Diese Skulpturen aus bemaltem Blech erscheinen 1937 und werden, auf Jean Arps Vorschlag hin, als «Stabile» (im Gegensatz zu «Mobile») bezeichnet. Die älteren «Mobile» bestehen aus zusammengefügten, ausgeschnittenen, bemalten (Blumen, Blätter, Dreiecke...) Metall- und Blechrohren, die an der Decke befestigt werden. Leicht und luftartig, erinnern sie an die lebendigen Kräfte dieser Welt, an Luft und Wasser. Die «Stabile», auf dem Boden stehende Stahlkonstruktionen, beziehen sich dagegen auf die Erdkraft. Beide Prinzipien werden später in einer Variante, dem «Stabile-Mobile» kombiniert, von dem die Stiftung ein Exemplar, *Humptulips*, besitzt, das in der Eingangshalle steht und seine bemalten Metallplatten im Wind bewegt.

Unter dem Buchladen ist ein Werk von Barbara Hepsworth, *Walnut* (Figur), aus dem Jahre 1964 aufgestellt. Die britische Künstlerin teilt mit Henry Moore das Bedürfnis der Masse in der Bildhauerkunst. Sie durchbohrt und höhlt das Material aus. Nachdem sie in Italien während ihrer Lehrjahre direkt aus dem Material herausarbeitete, ging sie danach zu abstrakten geometrischen Formen über und kam in ihren letzten Lebensjahren, als leidenschaftliche Liebhaberin der romanischen Kunst, erneut auf die Bronze als Arbeitsmaterial und auf die menschliche Figur als Arbeitsthema zurück.

Nicht weit entfernt steht *Iru Ari* (Drei Steine), eine 1966-1969 vom Basken Eduardo Chillida geschaffene Skulptur aus Granit, die aus drei zusammengestellten Steinblöcken besteht. Die Volumen dieser Würfel sind ineinander verflochten und mit ausgehöhlten Gängen durchsetzt. Dieses Werk könnte die Antwort auf eine vorige, aus Eisen geschaffene Skulptur, *Iru Burni* (Drei Eisen), darstellen, die sich im Besitz der Hastings Foundation in New York befindet.

Rechts vom Eintrittsgarten, nach der zur Kapelle führenden Treppe begegnen wir an einer der Wände der Stiftung einem Riesenmosaik von Marc Chagall, *Les Amoureux* (1964-1965). 1964 malte Chagall spezifisch für die Stiftung auch noch eine großes Bild, *La Vie*. Seit 1950 arbeitete er in der Tat hauptsächlich mit Großformaten. *La Vie* ist eine Summe seines Bilderuniversums, in dem die Themen der Mutterschaft, der Liebe, der Religion, der Musik, der Sonne, der Stadt... vorkommen. Alle seine Werke stellen «Wunder» dar: ein Violinist mit grünem Gesicht, auf den Händen laufende Akrobaten, eine Seiltänzerin, ein mit seinem nackten Kind über

◀ Der *Buchladen der Stiftung und Chagalls Mosaik «Les Amoureux», 1964-1967.*

◀ Marc *Chagall, «La Vie», 1964, Öl auf Leinwand, 296 × 406 cm.*

Georges *Braque, «Glasfenster», 192 × 142 cm.*

Die *Kapelle des Heiligen Bernhard.*

die Stadt schwebendes Riesenehepaar, in den Himmel steigende, vom Wunder der Liebe emporgetragene Liebende... vielleicht ist das vertraute Verhältnis Marc Chagalls zu dem Wunderbaren auf die hassidistische Lehre seiner Kindheitsjahre zurückzuführen. Kompositionsregeln und jähe Maßstabsänderungen beunruhigen ihn nicht. Er läßt das Herrliche mit dem Alltäglichen verschmelzen. Seine einzige Sorge besteht darin, sein Werk mit der Natur in Einklang zu bringen. «Setzen Sie ein Bild mitten in die Natur, zwischen Bäume, Sträucher und Blumen. Das Bild muß sich eingliedern, darf nicht wie eine falsche Note wirken. Es muß mit der Natur übereinstimmen, sie weiterführen. Ja, übereinstimmen, auch wenn es erfunden und unlogisch klingt.»

Nun erreichen wir die Kapelle, die mit einer Keramik (1953) von Fernand Léger geschmückt ist. Vor ihr steht der *Heilige Bernhard* (1968) von Eugène Dodeigne. Der Künstler verlieh ihm die betende, andächtige Haltung, in dem er den Oberteil dieser kaum angedeuteten Figur durch Vereinfachung der Massen befreite.

Raoul *Ubac, «Kreuzweg»:*

a) Station III, 1962, Schiefer, 33 × 24 cm, «Jesus fällt unter dem Kreuz zusammen».

b) Station VI, 1963, Schiefer, 31,5 × 25 cm, «Eine fromme Frau trocknet Jesus Gesicht».

Im Inneren der kleinen Kapelle spielt sich auf den weißen Wänden der *Kreuzweg* von Raoul Ubac ab. In vierzehn Stationen wird die Christuspassion von dem Urteil bis zur Grabniederlage — das Gesicht Christus bleibt dabei unsichtbar — behandelt. Der *Kreuzweg* ist aus Schiefer gearbeitet, dessen zahlreiche Schichten vom Künstler schräg behauen wurden. Hiermit setzte er dem Material die Grenzen, ab denen es sich weigert, bestimmte Formen anzunehmen. Die direkte Bearbeitung löst die Figur nicht ganz von der Masse, aus der sie stammt und der sie weiterhin angehört. Raoul Ubac ist ein Bildhauer des Basrelief. Die Form wird nicht auf die Oberfläche des Schiefers gezeichnet, sondern entsteht aus und in ihm. Im Laufe seiner Arbeit entdeckte Ubac in diesem Material unverhoffte Farben, die von graurosa bis blauschwarzen Tönen reichen. In diesem Kunstwerk hat der Künstler sich mit der religiösen Kunst befaßt und den Zwang einer durch ein tausendjähriges Ritual kodifizierten Ikonographie akzeptiert.

«Religiöse Kunst kann nicht wie profane Kunst behandelt werden ... Wir dürfen nicht vergessen, daß ein Kreuzweg eine direkte Aufforderung

c) Station X, 1963, Schiefer, 30 × 25 cm, «Jesus werden die Kleider abgenommen».

d) Station XIII, 1963, Schiefer, 30 × 25 cm, «Jesus wird vom Kreuz herabgenommen und seiner Mutter überlassen».

zum Beten ist, die durch ein sofort aufzufassendes Bildsymbol und nicht durch ein zu sehr an den Künstler gebundenes Signal weiterzugeben ist. Ich bin der Meinung, daß die von mir angestrebte Originalität nur in der Ausführung des Werkes zum Ausdruck kommen konnte.»[1]

Über dem Altar hängt eine spanische Christusfigur aus dem XII. Jh., ein Geschenk des Modeschöpfers Balenciaga. Das Licht dringt in die Kapelle durch Glasfenster ein. Eines der Glasfenstermotive ist ein von Georges Braque 1962 konzipierter Vogel, einer dieser wunderschönen hellen Vögel auf violettem Hintergrund, die ans österliche Leid erinnern. «Vögel und Raum beschäftigen mich seit langem. 1929 griff ich zu diesem Motiv für eine Illustration von Hesiod. 1910 malte ich Vögel, die aber ein Bestandteil der Stilleben waren, ganz im Gegensatz zu meinen letzten Werken, in denen mich Raum und Bewegung völlig beschäftigten.»[2] Trotz gespreizter Flügel immobil wirkend, durchquert der Vogel das zwei Meter hohe Glasfenster und kündigt das Thema der Wiederaufstehung an — Fusion des Materiellen und des Geistigen, Öffnung in die Ewigkeit. Das zweite Glasfenster, *Das Kreuz und der Rosenkranz* (1967), stammt von Raoul Ubac. Es besteht aus drei Teilen, in denen sich Rot, Blau und Braun mischen und an die leuchtenden Farben der mittelalterlichen Glasfenster erinnern.

Der Eintrittstür gegenüber ist der aus dem XII. Jahrhundert stammende Tympanon der Kirche Saint-Vincent de Digne zu bewundern.

Etwas weiter entfernt gelangen wir an den Brunnen von Pol Bury. Dieser Künstler drückt sich durch den Gebrauch von Mechanismen aus. Seine von elektrischen Motoren oder magnetischen Kräften getriebenen Werke — Zylinder, Würfel, Stahl- oder Bronzekugeln, Kolonnen und Brunnen — ergründen den Begriff der Bewegung. 1976 baute er seinen ersten hydraulischen Brunnen. Der zweite erregte im Jahr darauf auf der FIAC von Paris großes Ansehen. 1978 geschaffen, besteht dieses Werk aus artikulierten, mobilen Rohren aus rostfreiem Stahl. Eine kleine unsichtbare Pumpe aktiviert den sich im Zentrum der Metallstruktur befindenden Wasserstrahl. Das herunterlaufende Wasser füllt langsam die einzelnen Rohre auf, bis durch eine abrupte, unerwartete Schwenkbewegung das Wasser veranlaßt wird, in die Brunnenschale zu fallen. Das leere Rohr steigt wieder in die Ausgangsposition zurück, wird mit Wasser neu gefüllt und anschließend wieder zum Senken gebracht. Mit einem leichten Klirren, das im Wassergeräusch untergeht, bewegen sich die vielen vom Wasser angetriebenen Brunnenarme im Wind. Ähnliche Skultpuren befinden sich im Guggenheimmuseum in New York, im Kulturzentrum der Französischen Gemeinschaft in Brüssel, im Automobilmuseum in Mougins...

Pol Bury, «Fontaine», 1978, rostfreier Stahl, 230 × 410 × 270 cm. ▶

Mirós Labyrinth

Josep Llorens Artigas und Joan Miró lernten sich sehr früh, nämlich 1919 in der von Artigas selbst gegründeten *Agrupació Courbet* kennen. Beide stammen aus Barcelona, wo sie jeweils 1892 und 1893 geboren wurden. 1923 treffen sich die jungen Künstler in Paris, wo Miró gerade eingetroffen ist. Artigas stellt ihm sein sich auf der Rue Blomet befindendes Atelier (nicht unweit von André Massons Atelier) zur Verfügung. Ihre Zusammenarbeit im Rahmen der Keramik beginnt aber erst 1942. Eine in diesem Jahr stattfindende Töpferausstellung weckt in Miró den Wunsch einer Zusammenarbeit. Es vergehen aber zwei weitere Jahre bevor das Projekt, dem Artigas mißtraut, in Erfüllung geht. Regelmäßig besucht Miró jetzt das Atelier seines Freundes, der sich erneut in Barcelona niedergelassen hat. Auf diesem Gebiet völlig unerfahren, folgt Miró auf skrupelhafte Art und Weise Artigas Instruktionen. Ihre Zusammenarbeit setzt 1944-1946 ein. Miró arbeitet auf vorsichtige und methodische Weise, produziert Entwürfe und Modelle. Erst sieben Jahre später befriedigen die eigenen Ansprüche den Künstler. 1951 kauft Artigas einen alten Bauernhof, «El Raco», im Dorf Gallifa, nordöstlich von Barcelona auf und baut dort einen grösseren, geeigneteren Ofen, der als Andenken an den griechischen Töpfer aus dem IV. Jh. vor Chr. den Namen Nikosthene bekommt. Ab 1952 gesellt sich Miró zu ihm und beide arbeiten gemeinsam ihre Technik aus. 1953 sind sie soweit. Sie beherrschen das Emaillieren und das Backen. Am 25. Februar 1954 fangen sie endlich mit den ersten Werken an. Zweihundertvierunddreißig Stücke werden als zufriedenstellend eingestuft. 1956 wird in einer bedeutenden Ausstellung dem Pariser Publikum das Ergebnis ihrer fruchtbaren Zusammenarbeit vorgestellt.

Später bringt der immer auf Perfektion bestehende Josep Llorens Artigas aus einer Japanreise das Modell eines sogenannten «koreanischen» Ofens mit, der von japanischen Töpfern, die einer der brillantesten und ältesten Keramiktraditionen angehören, benutzt wird. Dieser Ofen ist mit den «Terres Nouvelles», zu denen die keramischen Skulpturen der Stiftung gehören, eng verbunden.

«Er befindet sich in einem Schuppen, außerhalb des alten Hauses, und sein Aussehen ist sonderlicher und anregender als das des älteren Ofens, der sich im inneren Atelier befindet. Ohne den hohen Schornstein, an dem normalerweise die Töpferstätten zu erkennen sind, dafür aber mit einer

◀ J*oan Mirós Labyrinth: «L'Oiseau de la Tour», 1968,*
Schmiedeeisen, 130 × 128 × 128 cm,
Drei Wandplatten, 1963, Keramik,
unten: «Le Mur de la Fondation», 1968, Keramik, 1 240 × 200 cm.

Art von Löchern durchsetztem Bauch ausgestattet, gleicht der koreanische Ofen mit seinem Dach, das früher vielleicht einmal den Herden Unterkunft gewährte, einem unbekannten großen weiblichen Tier, das mit einer unausschöpfbaren Großzügigkeit eine Reihe von Eiern und Würfen hergibt. Sein Charakter gleicht dem mütterlichen Charakter der Natur oder, genauer gesagt, dem der Erde in den meisten primitiven Mythologien.»[3]

Alle diese «Terres Nouvelles» haben nichts mit der vollkstümlichen oder dekorativen Keramik gemein, sie besitzen eine Kraft, die etwa mit der heute vergessenen Kunst der früheren Völker des Mittelmeerraumes oder aber mit der Inspiration der Töpfer des Fernen Ostens vergleichbar ist. Die Skulpturen des Labyrinths gehören zu dieser Kategorie.

Joan Miró, «Le Lézard», 1963, Keramik, Höhe: 270 cm.

«Lebensmasken, frauenhafte und mütterliche Masken, Verkörperung der weiblichen Naturprinzipien und der männlichen Fruchtbarkeit, Huldigung der Mischung der Spezien und der Geburt von Hybriden, all diese großen Objekte aus emailliertem Ton konnten keinen besseren Platz, als in der Nähe der grünen Pflanzen, der blühenden Blumen, der sprießen-

Joan Miró, «Gargouille», 1968, Keramik, 95 × 85 × 25 cm.

◀ *Joan Mirós «Labyrinth».*

den Gewässer, unter der die Farben, einem Ofen ähnlich, verschmelzenden Mittelmeersonne finden.»[4]

Die Monumentalkeramiken, die mit einigen Bronzeskulpturen diesen Garten beleben, wurden fast alle zwischen 1962 und 1963 im «koreanischen» Ofen Artigas hergestellt. 1963 wurden sie zum ersten Mal in der Galerie Maeght gezeigt. Die meisten unter ihnen sind monumental und entsprechen der damaligen Ambition Mirós, die im Schaffen einer richtigen Mirówelt mündete.

«Ich habe in einem monumentalen Geiste gearbeitet, da ich an eine mögliche Eingliederung in die Architektur dachte.»[5]

Kein anderes Projekt weist die hier erreichte Perfektion auf. Um sein Labyrinth realisieren zu können, stellte Miró zuerst naturgerechte Modelle aus Sperrholz von seinen Skulpturen auf die noch nicht fertigen Terras-

Joan Miró hat naturgerechte Modelle aus Sperrholz von seinen Skulpturen auf die noch nicht fertigen Terrassen des Labyrinths gesetzt. Im Vordergrund steht «Déesse» und weiter hinten «Le Grand Arc».

sen. Damit vergewisserte er sich, daß der ausgewählte Ort der richtige sei, und prüfte nach, ob jede Skulptur mit den anderen und mit dem Ganzen in Harmonie stünde. «Wir wechseln, wir tauschen in vollkommener Freiheit aus, pflegte er zu sagen. Wir bauen auf und ab, um erneut aufzubauen. Es gibt große Meister, die an einen bestimmten Ort kommen, ihr Meisterwerk deponieren, wie man einen Stein in einen Tümpel schmeißt, und damit hat es sich. Ich arbeite wie jedermann. Sert und Artigas sind alte Freunde, das ist wesentlich.»

Geht man vom sogenannten Rathaussaal aus, begegnet man rechts erst einer riesigen Keramikwand, die 12 Meter lang und 2 Meter hoch ist. Das Modell hierfür ist eine Keramikwand aus 1960, die der Universität Harvard (USA) gehört. Sie zählt 468 hitzebeständige Platten gleicher Dimensionen, die wie eine Kachelwand zusammengelegt wurden. Diese im Freien geschaffene Keramik wurde in Gallifa, in Spanien, hergestellt und 1968 zur Stiftung hinübertransportiert und dort installiert.

«Le Grand Arc», wurde zunächst in Beton gegossen und danach von Miró, den man rechts unten erkennt, mit einem Preßlufthammer bearbeitet.

◀ «Le *Grand Arc», 1963, Beton, 580 × 615 × 215 cm.*

«Die Zeichen der großen Wandkeramik sind nicht besonders aggressiv. Es gibt dort eine Figur mit besonders vorstehenden Augen, die einem Insekt mit langen Antennen gleicht, und hier und dort verstreute Augen, die die Besucher des Labyrinths beäugeln.»[6]

Die sanften Farben dieser «all-over» Komposition entfalten sich auf einem grauen Hintergrund, den Miró während der Ausführung des Werkes ignoriert. Der Künstler trägt sein Werk auf die Platten ein, bevor die auf ihrer Oberfläche von Artigas ausgelegte Emaille zum ersten Mal dem Brennofen ausgesetzt wird. Mit einem Holzteilchen oder einem anderen spitzen Instrument bekratzt er die feine Emailleschicht und macht eine kurze Skizze. Diese Spur wird danach mit einer Bürste und schwarzer Emaille nachgezogen. Entweder bespritzt Miró sein Werk oder aber er setzt einen dicken Strich auf. Daraufhin werden die Sandsteinplatten bei hoher Hitze (1250 bis 1350 Grad) gebacken. Einmal dem Ofen entnommen, erscheinen auf ihnen die schwarzen Formen und der Hintergrund. Nun bleibt

J*oan Miró, «La Déesse», 1963, Keramik, 157 × 115 cm,*
und «L'Œuf de mammouth», 1963, Keramik, 180 × 135 cm.

◀ *«La Fourche», 1963, Eisen und Bronze, 507 × 455 × 9 cm, und «Le Cadran solaire», 1973, Durchmesser : 310 cm.*

Miró nichts weiter übrig, als die bei niedriger Hitze (900 Grad) zu backenden Farben aufzusetzen, die so ihre Leuchtigkeit bewahren. Links, an der Wand der Bibliothek, entdecken wir *Le Lézard*. «Sie (die Eidechse) klettert, als ob sie losfliegen wollte, und wendet uns ein wenig ihr Gesicht zu, das sie auf dem Bauch trägt.»[7] Dieses Werk trägt den Titel *Figure de Femme*. Ihre ebenfalls unebene Oberfläche trägt Mirós Fingerabdrücke. Diese Eidechse gleicht nahezu einer menschlichen Larve. Ihr rundes, for-

Joan Miró, *«Femme à la chevelure défaite», 1968, weißer Marmor, 210 × 50 × 90 cm.*

schendes Gesicht sieht einer Ritualmaske ähnlich. In einer vorigen Auslegung trug dieses Werk den Namen *Figure with Arms up*. Eidechse, Frau oder Figur — ist sie nicht auf jeden Fall bereit, aufzufliegen? Für den Kritiker José Pierre beschreibt diese Figur die Stellung eines Spähers mit dem Antlitz mondlicher Unschuld, der die Oasis weit besser bewacht als *Oiseau de la Tour*, der letztendlich ja nur ein Hahn ist.

Hinter dieser Wandkeramik erhebt sich ein Turm, in dessen Mauer drei runde Keramikplatten eingebettet sind. Die obere ist schwarz und trägt Mirós Stern aus Sgraffito, die mittlere ist weiß und ist mit einer komplexen, teilweise mit Kurven durchzogenen Zeichnung versehen, während die untere rot ist und im Zentrum eine Art von schwarzem Kreuz und einen Zirkel aufweist. Oben auf dem Turm befindet sich eine ein Meter dreißig hohe, aus Schmiedeeisen geschaffene Skulptur, *Oiseau de la Tour* (1968), von der ein kleines, aus Ton geformtes Modell existiert.

Joan *Miró, «L'Oiseau solaire», 1968,*
Mamor aus Carrara, 158 × 240 × 137 cm.

Danach spazieren wir am ersten Wasserspeier (1968) aus Keramik mit seinen großen grünen Lippen vorbei und gelangen an *Le Grand Arc* (1963). «Acht Mal wurden im Ton alle Farben des Sonnenbogens, vom Grau und vom Rosa bis ins Blaue und bis ins Braune gesucht, schließlich aber erstarrte er in der Bleiche des Ziments», erinnert sich José Pierre.»[8]

Auf den Entwürfen, die der Stiftung gehören, ist ein an mehreren Plätzen identisch vorkommendes Gesicht zu erkennen, das im Endwerk nicht erscheint. *Le Grand Arc* erhebt sich majestätisch wie eine Tür, die nirgendwo hinführt. Sind wir bei ihm angekommen, müssen wir kehrt machen. Wir

Joan *Miró. Links: «Personnage» (Totem), 1968,*
Keramik und Eisen, 550 × 80 cm.
In der Mitte: «L'Oiseau lunaire», 1968,
Marmor aus Carrara, 300 × 260 × 120 cm.

steigen einige Treppen hinab und befinden uns jetzt am Becken, in dessen Mitte ein bleifarbenes, metallgraues Ei liegt, dem die Spuren der Zeit allmählich eine Patina verliehen haben und auf dem einige Spuren von schwarzer Emaille zu erkennen sind. Ihm gegenüber regiert die *Déesse* seit 1963 mit einem ihr eigenen Prestige über diesen Garten. Ihre Form erinnert an die ersten Tonfiguren.

«Sie ist eine riesige, weibliche, mit den Farben der Nacht und des Blutes bemalte, bauchige, mit Mamillen vollbestückte Figur, deren sonderbarer Geschlechtsapparat ein in der Erde, aus der er geschaffen wurde, stekkender Meerschildkrötenpanzer ist.»[9]

Die silberne Zunge verwandelt die sich majestätisch emporhebende Skulptur in eine Göttin der Fruchtbarkeit, «Göttin der Erde und der Ernten und, durch den offenen Ofen, Herrin der Töpfe.»[10]

Am Fuß der 1963 in Bronze und Eisen gegossenen *Fourche* — Miró läßt uns immer erraten, welches Objekt der Ausgangspunkt seiner Skulp-

Das letzte Becken mit «Gargouille», 1964, Keramik, 90 × 40 × 50 cm, und «Personnage», Keramik, 1968, 90 × 30 cm.

tur sein könnte — befindet sich *Cadran Solaire* (1973), aus Keramik hergestellt. Weiter rechts liegt das zweite Becken, in dem sich *Femme à la chevelure défaite* (1968), eine auf einem Kieselstein ähnlichen Sockel stehende Figur reflektiert. In die langgestreckte Form aus weißem Marmor sind kurvenförmige Linien und Löcher eingetragen. *Personnage* (1968) ist ein braunes Gesicht aus Keramik, das durch eine hohe Metallstruktur an der Ziegelwand angebracht ist. Diese Figur ohne Körper und ohne Arme, dieser unergründliche Sphinx übersieht das Labyrinth. Ihr gegenüber stehen zwei Marmorstücke aus Carrara, *Oiseau solaire* und *Oiseau lunaire* (1968), die zuerst in Bronze gegossen und dann auf Marmor übertragen wurden. Beide sind imposant. *Oiseau lunaire* ist am Bogen, der ihm als Fuß dient, sowie an seinen kurzen, dem Himmel zugewandten Flügeln und an seinem riesigen, mit Hörnern besetzten Kopf zu erkennen. Kein anderer Vogel hinterläßt wie dieser solch ein starkes Gefühl der Schwere. *Oiseau solaire* steht auf einem Steinsockel und schwankt unentschieden zwischen der Form eines Säugetieres und der eines Wandervogels hin und her. Aber das spielt keine Rolle, beide gehören sie einer Wunderwelt an, in der ihre außergewöhnliche Mutation nicht weiter auffallend ist.

Das letzte Becken zählt drei Brunnen, von denen nur einer — mechanischen Teilen ähnlich — Wasser spuckt. Er steckt in der Steinmauer neben zwei antiken Theatermasken aus Keramik. Die eine ist grün und besitzt einen Reptilienkopf, die andere blau und besteht aus einem runden Eulenkopf. Einige Treppenstufen tiefer gelangen wir in den Giacomettihof.

Der Giacomettihof

Die Spannung zwischen den drei Fassaden des Baus und dem weiten Raum, der sich dem Blick von der südlichen Seite her eröffnet, fördert bestimmte Betrachtungsweisen, die Giacomettis Statuen zu verlangen wissen: die hiesigen Werke gehören in die fünfziger Jahre, einem Zeitpunkt zu dem Giacometti sich auf der einen Seite sicher war, was er mit seiner Arbeit erreichen wollte, auf der anderen Seite aber für ewig skeptisch wurde, ob er es vermögen würde, seine Vision zum Ausdruck zu bringen. Auch wenn Giacometti zum Zeitpunkt des Baus der Stiftung schon ein weltweit bekannter Künstler war, zeugt dieser Hof dennoch von dem frühen Interesse, das Aimé Maeght für sein Werk zeigte. In seiner Galerie durfte Giacometti 1951 nach dem Krieg wieder austellen. Aimé Maeght kaufte ihm seit 1947 regelmäßig Skulpturen ab *(L'homme au doigt, Le Nez, Tête sur tige)*. Für dieses anhaltende Interesse sprechen auch die zahlreichen Werke, die sich im Besitz der Stiftung befinden: 35 Skulpturen und 30 Zeichnungen.

Einige Werke dieser wichtigen Sammlung entsprechen einem einzigartigen Projekt und gehören zum Herzen dessen, was in diesem Hof aufge-

stellt ist. 1958 bat die Chase Manhattan Bank Giacometti um eine monumentale Version der *Trois Hommes qui marchent* (1948) für den vor ihrem Gebäude liegenden Platz. Giacometti schuf drei zehn Zentimeter hohe Figuren: einen Kopf, eine stehende Frau und einen laufenden Mann. Dem laufenden Mann möchte er eine normale Größe verleihen, für den Kopf und für die Frau schweben ihm aber Dimensionen vor, die die des Modells weit überragen.

Das Projekt wird, teilweise wegen Giacomettis geringem Eifer, aufgegeben. Die Statuen wurden dennoch fertiggestellt und sogar bei der Biennale in Venedig 1962 ausgestellt. Die Geschichte dieses Projekts verdeutlicht sowohl die urige Nähe der Werke — von Giacometti mit einer ockerfarbenen, speziell für ihren Standort bestimmten Patina überzogen — als auch ihre Abneigung, Elemente eines Ganzen zu werden. Die betonte Präsenz, die man in diesem Hof spürt, ist vielleicht auf die Vergegenwärtigung dieser Spannung zurückzuführen.

Der laufende Mann ist ein wichtiges Thema der Bildhauerkunst. Giacometti studierte lange Rodins Interpretation des gleichen. Wir stoßen schon in der ägyptischen Bildhauerkunst auf dieses Thema, wobei es darum geht, männliche von weiblichen Figuren zu unterscheiden. Letztere sind immobil. Seltsamerweise kommt Giacometti auf diese Teilung zurück, indem er sagt: «Mir ist aufgefallen, daß ich Frauen immer nur immobil und Männer beim Laufen darstellen kann.» *L'Homme qui marche* von Giacometti vereint das Waagerechte des Sockels mit dem Senkrechten, das durch die Schlankheit des Läufers noch betont wird. Die kompakte Masse am Verbindungspunkt verkörpert sowohl den Boden als auch die Füße des Mannes. Giacometti sucht hier, die Verbundenheit von Erde und Mann darzustellen. Man spürt die Schwere des Menschen und somit den Druck auf die Erdfläche nicht, die sonst den für die Bewegung nötigen Widerstand leisten würde. Giacometti hat hier das, was er 1945 auf dem Boulevard du Montparnasse begriff, wiedergegeben: «Der auf der Straße laufende Mensch ist gewichtslos, auf jeden Fall leichter als ein ohnmächtiger Mensch. Er hält das Gleichgewicht auf seinen Beinen. Wir spüren sein Gewicht nicht.» Die wissenschaftliche Darstellung der Bewegung eines Läufers — Schwerekraft gegen Bindekraft — erscheint hier sehr schwach vertreten. Seltsamerweise stehen *Grandes Femmes debout* und *L'Homme qui marche* nicht wie Starre der Bewegung gegenüber. Jene kompakte Masse finden wir diesmal am Verbindungspunkt von Figur und Sockel, der die Figur scheinbar aus der Erde auftauchen läßt. Sie erhebt sich buchstäblich vor uns, weshalb Giacometti ihre Stellung im Titel unterstrichen hat: «debout» (stehend). Diese 270 Zentimeter hohen Frauen gehören einer Serie von vier Figuren an, die letzte, die Giacometti einem Frauenakt widmete. Diese Figuren sind die größten, die jemals hergestellt worden sind und versetzen uns,

◀ *Alberto Giacometti, «L'Homme qui marche I», 1960, Bronze, 182,5 × 26,5 × 96,5 cm, der im Giacomettihof steht.*

◀ *Aimé Maeght und Diego Giacometti vor Alberto Giacomettis «Grande Tête I», 1960, Bronze, 94,5 × 30,1 × 36,5 cm.*

verglichen mit den fünfzehn Jahre früher geschaffenen Skulpturen, von denen Giacometti meinte, sie könnten in einer Streichholzschachtel verschwinden, ins Staunen. In beiden Fällen ensteht das Werk jedoch nicht nach einem vorher festgelegtem Maßstab... Es geht nicht um ein Verlangen von Miniatur oder Monumentalität. Die Vision, die Giacometti wiedergeben möchte, ist es, die ihm, zu seinem Erstaunen, die Dimensionen des Werks aufzwingt.

In seinen anderen Kompositionen, in denen er Statuen zusammenstellt — *La Place, La Forêt* — hat Giacometti schon einen Kopf neben stehende Figuren gesetzt. *La Grande Tête I*, für den sein Bruder Diego Modell stand, wurde auch vom Kopf des Kaisers Constantin inspiriert, der zum Museum des Kapitol in Rom gehört und von dem Giacometti im Jahr zuvor eine Kopie anfertigte. Die eigenartige Anwesenheit dieses Kopfes inmitten

Sommer 1964. Auf den Stufen der zum Giacomettihof führenden Treppe, von links nach rechts und von oben nach unten: Jacques Dupin, Aimé Maeght, Alberto Giacometti, Marguerite Maeght, Violette Artigas, Louis-Gabriel Clayeux, Eduardo Chillida, Pilar Miró, Marguerite Benhoura, Adrien Maeght, Joan Miró, Christine Dupin, Pablo Palazuelo, Daniel Lelong, Muncha Sert, Josep Lluis Sert, Josep Llorens Artigas, Pili Chillida, Xavière Tal-Coat, Pierrette Tal-Coat und Pierre Tal-Coat.

der Gruppe läßt sich vielleicht dadurch erklären, daß sie ebenfalls eine Bewegung ausdrückt. Durch die drei Etagen, die den Kopf tragen, kommt die um den Blick herum konzentrierte Figur allmählich zur Geltung, ohne daß es einem möglich wäre, zu erkennen, ob es sich bei den verschiedenen Stufen noch um den Sockel oder schon um den Kopf oder den Hals handelt. Dieser allmähliche Aufbau des Körpers bis in den Blick ist bei Giacometti bis zum Ende hin, bis zur letzten Büste Elie Lotars, vertreten.

Das Innere

Die, was den Plan des Stiftungsgebäudes anbelangt, von Josep Lluis Sert eingeschlagene Richtung ist auf der einen Seite einfach — er übernahm die zentripetale Organisation der nach außen hin geschlossenen und zu einem Zentralpatio hin geöffneten Mittelmeerhäuser — und auf der anderen gekonnt studiert. Auf der Gartenseite liegt die rechteckige Eingangshalle, vor der zwei mit Skulpturen belebte Becken liegen, eigentlich ein um einen Patio herum verglaster Raum, über den man sanft vom Äußeren ins Innere geführt wird. Die Türgriffe wurden von Diego Giacometti geschaffen.

Links von der Diele sind die Ausstellungsräume um den Patio herum angelegt. Im Patio erkennen wir *Jeune fille s'évadant* (1968) von Miró —

Die *Eintrittshalle der Stiftung, die hinten in den Patio führt.*

Joan Miró, «Jeune fille s'évadant», 1968,
Bronze, bemalt, 135 × 60 × 40 cm.

Der *Saal Georges Braque während der Ausstellung Miró, 1984.*

die Objekte, die diesem Werk den Ausgangspunkt gaben, sind leicht erkennbar: ein Wasserhahn und der untere Teil einer Plastikpuppe, beide in der bemalten Bronze vereinigt — und das Mosaikbecken *Les Poissons* (1962) von Braque.

Die weißen Räume ohne Fenster mit ihren rustikalen Böden werden an strategischen Punkten von Öffnungen unterbrochen, die zwischen innen und außen einen engen Bezug schaffen und den Besucher zur Ruhe einladen. Diese Öffnungen lassen den Blick frei auf das Meer, den Wald, den Patio und das Becken von Braque. Die fünf diesem Flügel angehörigen Räume sind einzelnen Künstlern gewidmet und tragen deren Namen: Säle Alberto Giacometti, Wassili Kandinsky, Marc Chagall, Joan Miró und Georges Braque. Sie sind in ihrer Größe und in der Deckenhöhe unterschiedlich. Die blinden Wände bieten ein Höchstmaß an Platz an und ermöglichen eine ideale Ausstellung der Bilder. Das Licht kommt vom Dach. Das Endergebnis ist der Struktur und der Ausrichtung der Glashalbbögen zu verdanken, die das Dach krönen und ihren verschiedenen Stellungen entsprechend das Sonnenlicht aufnehmen und nach innen leiten. Das «cocoon», das das Dach bedeckt, verbessert diesen Effekt noch. Die zenitalen Klappfenster sind in allen Räumen anders angelegt, sodaß sie in jedem einzelnen Saal eine spezifische Beleuchtung erlauben.

Isotherme und hygrometrische Ausgeglichenheit wird vor allem durch die Konstruktionsweise garantiert — Sert ließ zwei, durch einen Hohlraum getrennte Wände mit vollen Ziegeln hochziehen. Um die Werke zu schützen, wird die Temperatur im Durchschnitt auf neunzehn Grad gehalten. Lediglich im Sommer wird sie auf sieben Grad unter der Tagestemperatur gehalten, um eine zu große Schwankung mit draußen zu verhindern. Der Feuchtigkeitsgrad liegt zwischen 45 und 55 hygrometrischen Graden.

Nach der Besichtigung der durch kleine Treppchen verbundenen Säle gelangen wir wieder in die Eingangshalle zurück. Links liegt jetzt der Giacomettihof, gegenüber geht es weiter in einen anderen Flügel des Gebäudes, der drei Etagen hoch ist. Im Untergeschoß stoßen wir auf das Kunst- und Experimentalkino, das im Sommer täglich und ansonsten während des Jahres dreimal pro Woche geöffnet ist. Im ersten Stock liegt der Buchladen, in dem man Kataloge der Stiftung, Originaldrucke, Plakate und Postkarten erstehen kann. Ihm gegenüber liegt der letzte Ausstellungsraum, d.h. der sogenannte große Rathaussaal, der seinen Namen seiner etwas klassischeren Konzeption verdankt und folglich als Versammlungssaal gebraucht werden kann. Eine halbe Stufe höher geraten wir an den Eingang zu Mirós Labyrinth. Im zweiten Stock sind Sekretariat und Sitz der Gesellschaft der

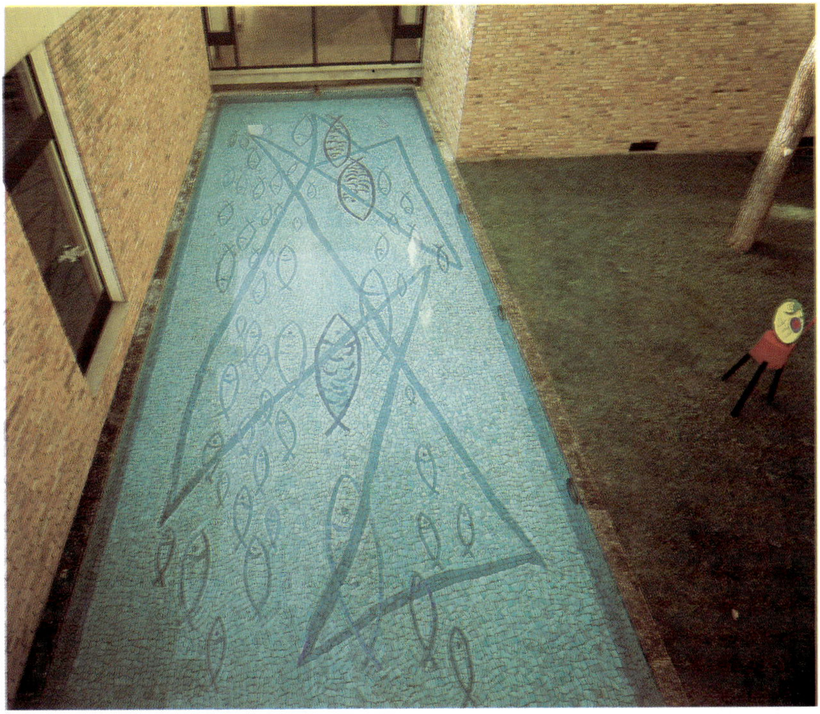

«Les Poissons», 1962, Mosaikbecken von Georges Braque.

CAHIER

G. Braque

◀ Georges Braque, *«Atelier VI», 1950-1951, Öl auf Leinwand, 130 × 162,5 cm.*

Freunde der Stiftung untergebracht und im dritten Stock gelangen wir auf die Dachterrasse.

1962 baten Aimé und Marguerite Maeght Josep Lluis Sert um den Bau des sogennanten Haus der Künstler oder Haus des Direktors. Dort befindet sich heute die Bibliothek der Stiftung, ganz in der Nähe von Mirós Labyrinth. Für das Publikum geöffnet, enthält sie 16 000 Bände über zeitgenössische Kunst (davon sind 15 000 Originalausgaben). Der Kern kam Dank einer gemeinsamen Donation von Margerite und Aimé Maeghts persönlicher Bibliothek und dem Kauf von Büchern durch die Gemeinschaft der Freunde zusammen. Adrien Maeght baut sie weiterhin auf, indem er von jedem Liebhaberwerk, das er veröffentlicht, der Bibliothek ein Exemplar zukommen läßt. Hiermit ist sie eine der schönsten, privaten und zeitgenössischen Buchliebhabersammlungen, in der originale Lithographien und Radierungen kleine Buchauflagen illustrieren, die alle durchnummeriert und signiert sind und oft auch Inschriften und Widmungen ihrer Autoren enthalten. Der Leser kann hier ebenfalls die wichtigsten Kunstzeit-

Der *Rathaussaal (salle de la Mairie).*

Das *Café der Stiftung.*
Stühle, Hocker, Tische und Lampen sind Werke von Diego Giacometti.

schriften und die Kataloge der Hauptmuseen der Welt, mit denen die Stiftung ein besonders gutes Verhältnis pflegt, studieren.

Das Café der Stiftung befindet sich im Garten, in der Nähe des Eingangs. Seine Stühle, Tische, Bänke und Lampen aus Bronze sind Werke von Diego Giacometti.

1. *Raoul Ubac*, Reihe *Monographies*, Maeght Éditeur, 1970.
2. Jean Leymarie, «L'Oiseau et son nid», *in Quadrum*, 5. Band, 1958.
3. André-Pieyre de Mandiargues, *Derrière Le Miroir*, Nr. 139/140, Paris, 1963.
4. André-Pieyre de Mandiargues, *Derrière Le Miroir*, Nr. 139/140, Paris, 1963.
5. Rosamond Bernier, «Miró céramiste», in *L'Œil*, Nr. 17, Paris, Mai 1956.
6. José Corredor-Mattheos, *Miró et Artigas céramiques*, Maeght Éditeur, Paris, 1973.
7. José Corredor-Mattheos, *Miró et Artigas céramiques*, Maeght Éditeur, Paris, 1973.
8. José Pierre, *Miró et Artigas céramiques*, Maeght Éditeur, Paris, 1973.
9. André-Pieyre de Mandiargues, *Derrière Le Miroir*, Nr. 139/140, Paris, 1963.
10. José Pierre, *Miró et Artigas céramiques*, Paris, Maeght Éditeur, Paris, 1973.

Bram Van Velde, *«Komposition», 1959-1960,*
Öl auf Leinwand, 130 × 192 cm.

V
AUSSTELLUNGEN DER STIFTUNG

André Malraux und Aimé Maeght
während der Ausstellung des «Musée imaginaire».

Die Stiftung veranstaltet jedes Jahr verschiedene Ausstellungen internationalen Ranges, die als Panoramaaufnahme der zeitgenössischen Kunst dienen. Die Ausstellungen sind entweder einem bestimmten Maler oder dem Werk eines Schriftstellers und seinem Bezug zur Kunst gewidmet. Am Anfang bemühte sich die Stiftung hautpsächlich um die von Aimé Maeght unterstützten Künstler, da diese Künstler zu jenem Zeitpunkt einfach eine wesentliche Rolle spielten. Später wurden in den Ausstellungen immer öfter die Werke außenstehender Künstler gezeigt, wie man es der am Ende des Kapitels veröffentlichten Liste entnehmen kann. Die Accrochages wechseln im Hinblick auf die Ausstellungen und auf die Jahreszeiten. Im Winter und im Frühling werden die neuesten Werke gezeigt. In den Sommerausstellungen wird auf die für die Kunstgeschichte Ende des XIX. und des XX. Jahrhunderts wesentlichen Künstler und Kunstrichtungen Bezug genommen. Die Stiftung verleiht oft Werke ihrer Sammlung, weswegen ihr wiederum die Möglichkeit gegeben ist, aus verschiedenen Museen, Galerien, Sammlungen oder Künstlerateliers Leihgaben zu beziehen.

Einige unter den vielen Ausstellungen haben Mitarbeiter und Besucher besonders berührt.

Das ist zum Beispiel der Fall der Ausstellung *Le Musée Imaginaire d'André Malraux*. Der Name André Malrauxs ist von Anfang an mit der von ihm eingeweihten Stiftung verbunden. Hierzu trug aber besonders die ihm 1973 gegebene Möglichkeit bei, der Stiftung das Aussehen jenes «imaginären Museums» zu verleihen, das er seit 1947 nur in seinen Schriften hatte beschreiben können. Die 100 000 Besucher dieser Ausstellung entdeckten über 800 Werke, die eine weittragende Panoramaaufnahme der Kunst der vergangenen viertausend Jahre auf den fünf Kontinenten darstellten. Die Wahl der Objekte beruhte auf einem von André Malrauxs formulierten Prinzip: «Ich möchte ausschließlich Meisterwerke vorführen».

In dieser Ausstellung geht es jedoch nicht einfach um die Bestätigung des Wissens und des Eklektizismus von Malraux. Vielmehr wirft sie die ihn ständig beschäftigenden Fragen auf. Laut Malraux dürfen wir unsere Zeit — und ihre Kunst bestätigt es — nicht mit den Prinzipien der vorhergehenden Epochen analysieren. Zwei Aspekte charakterisieren sie: sie möchte räumlich und zeitlich die ganze Welt umfassen, kennt aber ihre eigenen Werte nicht. Der moderne Mensch — zu dem der Künstler gehört — fühlt sich gezwungen, seine Umwelt und die vergangene Geschichte kennenzulernen, aber es gelingt ihm nicht, zu erkennen, was im Zentrum seiner eigenen Existenz steht. Genau dieses Dualitätprinzip charakterisierte die Ausstellung des «imaginären Museums». Malraux bewies durch sie, daß er zu seiner Zeit gehörte und mit ihr das Bedürfnis von Erkundung und Rekapitulation teilte, auf der anderen Seite aber ihre wesentlichen, existierenden aber nicht erkannten Prinzipien — er sprach vom Schatz des «imaginären Museums» — ans Licht zu bringen versuchte.

Malraux griff dieses Thema schon 1964 in seiner Rede zur Einweihung der Stiftung auf: «Heute wissen wir, was unsere Bildkunst ist, aber wir kennen die Welt, die hinter ihr steckt, nicht. Sie liegt bestimmt nicht mehr beim Übernatürlichen der Krypten und der Religionen, sie liegt aber bestimmt auch nicht, hoffen wir es, beim Luxus.»

Mit dieser Ausstellung wurde folgender Versuch unternommen: ist durch das Zusammenstellen von Werken, wie es der Epochengeist verlangt, die Möglichkeit gegeben, etwas über diese Epoche zum Ausdruck zu bringen? Malraux bestand darauf, man solle sich nicht damit zufrieden geben, allein die formelle Verwandschaft der ausgestellten Werke festzuhalten.

«Es steht fest, daß das «imaginäre Museum» nicht auf die Verwandschaften der Formen zu beschränken ist... die Besucher der Ausstellung der Fondation Maeght werden mit den Begegnungen oder den getroffenen

«Double Protomé», Talish, 2. Jahrtausend v. Chr., Höhe: 8 cm

Wahlen eines am Anfang unseres Jahrhunderts geborenen Mannes konfrontiert werden. Ich glaube, jeder unter ihnen wird, ob er es will oder nicht, seinen eigenen Schatz finden... Das Empfinden eines unbekannten Wertes wird ihn zu seinem Schatz leiten... Letzten Endes glaube ich auch noch, daß das ganze «imaginäre Museum» auf folgende Weise funktioniert: es formt seinen eigenen Schatz, wir müssen ihn nur entdecken. Das ist der Grund, weshalb für mich dieses Museum kein grandioses und sinnloses Abenteuer ist... Vielleicht enthüllt es unseren Nachfolgern die Werte, weshalb diese Werke zusammengetragen wurden... Denn wir kennen sie genauso wenig wie die anderen Werte, die jene unserer Zivilisation sind. Sie ist die erste, die das Verlangen spürt, die Erbin der ganzen Vergangenheit der Erde zu sein. Sie ist auch die erste, die ihre höchsten Werte nicht kennt, die weder Sie noch ich mit den Werten verwechseln, die sie so schlecht verteidigt.»[1]

Die Ausstellung selbst war zweischichtig ausgelegt: sie umfaßte 633 Objekte — Fotografien, Manuskripte, Bücher und Briefe —, die mit Malrauxs Biographie zusammenhingen, und 178 Kunstwerke. Mittelorient und Orient nahmen einen wichtigen Platz ein. Babylonien, Ägypten, Afganistan, Pakistan, Indien, Tibet, Khmerkunst, China und Japan waren mit 70 Stücken vertreten. Unter ihnen befanden sich ein japanisches Bild aus dem XII. Jh., *Taira no Shigemori* von Takanobu (das so fragil ist, daß es der Tempel Jingaji aus Kyoto nur zwölf Tage pro Jahr ausstellt), eine hittitische *Mutterschaft*, ein orientalischer *Double Protomé, Die Göttin der Fruchtbarkeit* aus Damaskus, die aus dem XX. Jh. v. Chr. stammt und nie zuvor Syrien verlassen hatte, der bekannte Intendant *Ebih-il* aus Mari... Die ozeanische Kunst wurde durch 10 Stücke aus den Marquiseninseln, aus Neu Guinea, den Neuen Hebriden und der Osterinsel vertreten. Vorkolumbanische Kunst (10 Stücke) und afrikanische Kunst (13 Stücke) waren ebenfalls vetreten. Von den vorgeschichtlichen Werken, den gallischen Überresten, den griechischen und mittelalterlichen Statuen abgesehen, war Europa hautpsächlich durch die Malerei vertreten: Titian, Greco, Poussin, Rubens, Georges de la Tour, Velasquez, Chardin, Fragonard, Delacroix, Goya, Corot, Van Gogh, Braque, Picasso, Masson, Kandinsky, Chagall, Rouault, Fautrier, Miró und Dubuffet. Alle diese Künstler inspirierten Malrauxs Texte, einige unter ihnen verdanken ihm sogar zum größten Teil ihre öffentliche Anerkennung.

Im Sommer 1975 widmete die Stiftung mit *Bonnard dans sa lumière* «dem größten unter allen» (laut Matisse) eine Ausstellung. Es handelte sich nicht um eine einfache Rückschau seiner Arbeit — auch wenn hier etwa 600 Werke des 1947 verstorbenen Meisters ausgestellt wurden, die zwanzig Jahre lang wegen Nachlaßfragen unter Siegel standen und zuvor nie dem Publikum gezeigt worden waren — sondern um eine ehrliche Würdigung von Aimé Maeght jenem gegenüber, der ihn in die Kunstwelt einführte.

◀ Pierre Bonnard, *«L'Été», 1909, Öl auf Leinwand, 260 × 340 cm.*

Die Freundschaft, die beide Männer verband, war stark. Dies drückte Bonnard Thadée Natanson folgendermaßen aus: «Wenn ich einen Sohn gehabt hätte, dann hätte ich ihn mir so gewünscht.»

Aimé Maeght hatte in der Tat das Glück, während des Krieges in Cannes gleich zwei Büchergenies kennenzulernen, die auch noch die zwei wichtigsten Maler dieser Epoche waren, nämlich Matisse — der die Galerie Maeght in Paris 1945 einweihte und dem die Stiftung 1969 eine persönliche Ausstellung widmete — und Bonnard.

«Heutzutage, wo Maler oft die Malerei aus den Augen verlieren, war es vielleicht Zeit, dem reinsten, dem wahrsten aller modernen Maler, Bonnard, eine zweite Ausstellung zu widmen», erklärte Aimé Maeght. Seine erste Ausstellung, *Le Noir est une couleur* (Schwarz ist eine Farbe) fand 1946 statt, als die erste Nummer von *Derrière Le Miroir*, an der auch Matisse, Braque und Rouault teilnahmen, veröffentlicht wurde.

Die Karriere von Aimé Maeght ist eng mit der von Pierre Bonnard verbunden, weshalb diese Rückschau eine besondere Bedeutung hat. Der Titel der Ausstellung wurde einem, von Bonnard sechs Monate vor seinem Tod ausgesprochenem Satz entnommen. Jean Leymarie erzählt: «Im August 1946, vor meiner Abfahrt, kam Bonnard nach Cannes, wir liefen schweigsam an der Bucht entlang und in dem Moment, an dem er sich verabschieden wollte, die Sonne glorreich hinter dem Esterel unterging und das Meer seinen Abendzitter bekam, rief er aus: «Nie zuvor war das Licht so schön». Er war fast achtzig und es war, als ob er zum ersten Mal das Licht von Cannes gesehen hätte, das ihm doch so verwandt war.» Bei dieser Gelegenheit wurden Jugendbilder wie *Femme à la robe à pois blancs* (1891) oder *Le Nu couché* (1898) vorgeführt. Zu dieser Zeit stellte Bonnard im *Salon des Indépendants* aus und gründete die Gruppe der Nabis — die Profeten Gottes — zusammen mit Vuillard, Maurice Denis, Valloton, Maillol, Sérusier, Ranson. Seine erste eigene Ausstellung fand 1896 in der Galerie Durand-Ruel statt. «Kein anderer gibt auf so bestimmte Weise, erzählte Gustave Geoffroy in seiner Chronik, den Aspekt der Straße, die vorbeigehenden Silhuetten, den durch den Pariser Nebel erfaßten Farbfleck, die fragile Anmut des Mädchens wieder.» Seine Freunde erteilten ihm, seines Geschmackes für bestimmte dekorative Motive, seiner Vogelschauen und seiner unerwarteten Perspektiven wegen den Spitznamen «sehr japanischer Nabi». Es wurden ebenfalls noch nie zuvor in Frankreich ausgestellte Bilder, wie *Le Train et les Chalands* (1909), *Le Matin de Paris, Le Soir de*

Paris (1911) gezeigt, die alle seine Bevorzugung farbenfreundlicher Malerei verrieten. Das riesige Werk *L'Été*, das von Marguerite und Aimé Maeght der Stiftung geschenkt wurde, illustriert den Schock, den Bonnard empfand, als er auf Besuch bei Manguin, einer von Matisses und Marquets Freunden, mit der Provence in der Gegend von Saint Tropez konfrontiert wurde: «Ich bekam einen Schlag wie aus Tausend und Einen Nächten. Das Meer, die gelben Wände, die Reklexe, die genauso farbig wie das Licht sind.»

Aus dieser Zeit stammen auch die ersten Toilettenakte. Bonnard legt den Schwerpunkt auf die Lichteffekte der Körper seiner Badenden, auf das Glitzern eines Badewannenrandes, auf den Reflex einer Keramikkachel. Die Kompositionen seiner Bilder *Nu à la lampe* (1910), *Nu à la baignoire* (1931), *Nu au miroir* (1931), *Nu accroupi* (1941) erinnern an die *Nymphéas* von Monet, dessen Nachbar er war. So wie Monet es eines Tages aufgab, seinen Garten aus einer klassischen Perspektive zu betrachten — als ob er, über die kleine Brücke gebückt und aus dieser Position heraus die Wasserrosen erblickt hätte —, gab Bonnard die klassische Einrahmung des Bildes auf. Er spannte auf die Wände seines Ateliers große Leinwandflächen — die größer waren als die Ausmaße des Bildes selbst —, die er

Der *Kulturminister Michel Guy und Aimé Maeght bei der Ausstellung «Bonnard, dans sa lumière», 1975.*

◀ *Alberto Giacometti, «Bildnis von Marguerite Maeght», 1961, Öl auf Leinwand, 130 × 96,5 cm.*

erst zurechtschnitt nachdem er mit dem Malen fertig war. «... Die regenbogenfarbigen, ihrem pflanzlichen Vergessen ausgesetzten Akte Bonnards scheinen aber ab und zu wie Wasserrosen zu treiben. Sie sind den neoklassischen Formen, die jegliche Schönheit zerstören, vollkommen entrückt und versetzen uns über Venedig hinaus zurück an die hellenistischen Quellen.»[2]

Bonnard läßt in seinen Bildern das Licht schmelzen, warme und kalte Töne kommen in allen Schattierungen auf und das innere Raster — komplexes Gerüst — gehört zur inhärenten Architektur des Bildes. In seinen Kompositionen benutzt er verschiedene afokale und zentrifugale Perspektiven, beispielsweise in *Paysage au Cannet* (1928), *Les Toits rouges* (1941), *Bildnis des Künstlers* (1945), die hier gezeigt wurden. Das Wunder seines Werkes — ob es sich nun um Landschaften, Innenszenen oder Selbstbildnisse handelt —, so erklärte der Maler selbst, besteht darin, das Bild als «eine Folge von sich miteinander verbindenden Farbflecken zu gestalten, die schließlich das Objekt, beziehungsweise den Teil, über den das Auge seinen Blick unverhindert laufen läßt, formen.»

Die ausgestellten 83 Bilder, die teilweise aus der Phillips Collection in Washington, aus dem Guggenheim Museum in New York, aus dem Ermitage in Sankt Petersburg und aus der alten Hahnlosersammlung in Zürich kamen, zusammen mit 62 Zeichnungen und illustrierten Büchern bestätigten seinen Erfolg.

1978 wurde eine Rückschau von Alberto Giacomettis Werk veranstaltet. Die Stiftung besitzt eine der reichsten Sammlungen von Werken dieses Künstlers und ist somit der ideale Ort für eine derartige Ausstellung. In dieser Rückschau wurden sowohl 116 Skulpturen, zu denen kubistische und surrealistische Werke der Anfangszeit aber auch *Quatre Femmes sur socle* (1950), *Les Femmes de Venise* (1956), *Diego au chandail* (1954) gehörten, als auch zehn bisher unbekannte Gipse, 68 Gemälde, wie die Bildnisse von *Marguerite Maeght* (1961), *Annette* (1960), *Yanaihara* (1960), 120 Zeichnungen und eine Auswahl von Drucken, Lithographien und illustrierten Büchern, insgesamt also über 300 Werke ausgestellt.

Zu den wichtigsten Ausstellungen gehört noch *La Sculpture du XXe siècle, 1900-1945 — Traditions et Ruptures*, die von Juli bis Oktober 1981 lief. Sie ist die letzte, von Aimé Maeght eingeweihte Ausstellung. Ausgangspunkt der Ausstellung und der modernen Bildhauerei ist das Oeuvre

◀ *Alberto Giacometti vor «Les Femmes de Venise», 1956, die im Hof der Stiftung aufgestellt sind.*

Julio Gonzales, «Personnage debout», 1932-1935, Eisen, 128 × 60 × 40 cm.

Auguste Rodins (1840-1917), dessen Karriere mit zwei Skandälen begann und mit einer Affäre ihren Höhepunkt erreichte: 1860 weigerte sich der Salon, seine *Männermaske mit gebrochener Nase*, eine in Bruch gegangene Tonarbeit, auszustellen; Januar 1877 wurde ihm von der Zeitung *L'Étoile belge* vorgeworfen, er hätte *L'Âge d'airain* von einem Guß abgeformt; dazu kam dann noch die um das von der Gesellschaft der Literaten bestellte Monument zum Andenken an Balzac — ein dämmernder Balzac, der uns das Gefühl vermittelt, es handle sich um eine Masse, die sich in Bewegung setzten wird — verursachte Aufruhr.

Weiter zeigte die Ausstellung, wie sich um 1900 langsam eine archaische Arbeitsweise entwickelte, die sich auf den griechischen Archaismus bezog. Mit Bourdelle und seiner ausgestellten *Pénélope* (1909) wurde ein weiteres, dem Werke Rodins entgegengesetztes Modell eingeführt: die Figuren besitzen einen, den Griechen aus dem IV. Jh. v. Chr. ähnelnden stämmigen Aspekt, deren Gewänder von steifen symetrischen Falten geprägt sind.

Die von Maillol ausgestellten Werke, *Ile de France* (1925), *Marie* (1931), stehen am Ausgangspunkt der sich in zwei entgegengesetzte Richtungen entwickelnden Bildhauerkunst, die eine in der Tradition des Werkes von Rodin stehend, die andere um die primitivistische Frage herum sich entwickelnd. Maillol bevorzugt die durch Volumen und Konstruktion hervorgebrachten Aspekte, bearbeitet das Holz direkt, ohne Geschicklichkeitseffekte, und spielt das Verhältnis zwischen Brutalität des Materials, rustikaler Machart und «gauguinischem» Motif aus.

Künstler wie Picasso lernen Gauguins Skulptur bei Vollard und im Herbstsalon 1906 kennen. Die Spaltung zwischen Gauguin und Rodin und Cézanne — zwischen primitiven platten Flächen, Rodins Konstruktionen und Cézannes Pinselstrich — beeinflußte Matisse, Picasso und Derain. Auch wenn man in den ersten Werken von Matisse (*Le Serf*, 1900-1903) und von Picasso (*Le Fou*, 1905) klassische Formen entdeckt, stellt man später ein Interesse für die direkte Bildhauerei und eventuell auch für die Übertragung von Bronze auf Holz fest. Matisse schuf vier *Akte*, von denen zwei, *Akt II* (1913) und *Akt IV* (1930) ausgestellt wurden. Picasso zog eine geometrische und synthetische Kunst vor, um langsam zu einem afrikanischen Primitivismus überzugehen, der Gauguin, der solche Exotik einführte, nicht eigen war. Mit Brancusi läßt sich diese Geschichte des Primitivismus gut zusammenfassen. Rodins Lehre gegenüber widerspenstig, orientiert sich Brancusi in Richtung einer Skulptur aus Stein mit vereinfachten Volumen. Seine ovalen Köpfe, *La Princesse X* (1916), *Mademoiselle Pogany III* (1933), befinden sich auf dem Weg zwischen Bildnis und Fetisch. Sie sind von der Form her mit der afrikanischen und Gauguins Skulptur verwandt. Brancusi geht von der Anatomie zur Anspielung über. Sein Primitivismus verschmilzt

mit dem Wesentlichen. Der Künstler kehrt zu wesentlichen Formen (Ei) und zu einer ursprünglichen Ausdrucksweise zurück.

Von 1912 bis 1913 konzentriert sich Picassos Forschung ausschließlich auf die Malerei, die Zeichnung und die Kollage von Papieren. Und doch ist er der einzige, der am Ende des malerischen Kubismus einen bildhauerischen Kubismus, der nichts mit seinen vorigen Skulpturen gemein hat, wieder ins Leben rief. Er entwickelte die Technik der Papierkollagen in drei Dimensionen, um zu den im Raum konstruierten Kollagen zu gelangen. *Le Verre d'absinthe* (1914), von dem es verschiedene Versionen gibt, spricht für Picassos raubvogelhaften Charakter, der einfache Objekte sammelt und metamorphosiert. Die Polychromie gehört zu dieser Bastelei. Picasso beachtet den physischen und realistischen Charakter der einzelnen Objekte, um ihn zu «transgredieren». Gargallo und Gonzales benutzten den kubistischen Beitrag, um Metallskulpturen aus gebogenen Kupferspänen mit Gegenreliefs zu schaffen. Gonzales entwickelte auch noch seine zusammengefügten Gebilde aus autogengeschweißtem Eisen.

Mit Marcel Duchamp kommt die Geschichte zu einer radikalen Wendung. Seine *ready-made* (*Fahrradrad*, 1913, *Flaschenträger*, 1914), in denen das Objekt ein wichtiger Orientierungspunkt für die Skulptur wird, entheiligen sie gleichzeitig.

Später kommt die Mechanisierung auf. Boccioni befürwortet die Verwendung von allen möglichen Materialien: Holz, Papier, Glas, Metall, in dem er seine Theorie der plastischen Dynamik einsetzt.

Die Stiftung stellte Künstlern wie Gabo, Pevsner, Tatlin, Moholy-Nagy, Kobro, Steinberg, Rodtchenko, die die zu ihrer Zeit modernsten Materialien, wie Plastik, Eisen, Stahl, Glas für räumliche Konstruktionen mit geometrischem Charakter verwandten, viel Platz zur Verfügung. Die Skulpturen werden leichter, die Transparenz kommt gleichzeitig mit der Bewegung auf, wie zum Beispiel in *Hängende Konstruktion* von Rodtchenko oder in *Construction linéaire* von Gabo. Der Gebrauch derartiger moderner Materialien verursacht einen radikalen Bruch mit der seit dem Hohen Altertum etablierten Tradition, genauso wie der Surrealismus es auf einer anderen Ebene mit Werken vollbrachte, die ihren Ansatzpunkt im Imaginären und im Unterbewußtsein fanden. Miró, Ernst und Giacometti gehören zur dieser Übergangszeit der zwanziger Jahre.

◀ *Alexander Calder, «L'Haltérophile», 1930-1944, Bronze, Höhe: 21 cm.*

Calder bringt wieder den Begriff der Bewegung in die Bildhauerei zurück. «Calders Kunst ist die Vergeistigung eines Baumes im Wind», schrieb Duchamp, der seinen vom Wind bewegten Konstruktionen den Namen *Mobiles* gab.

Arp benutzt seltsame, symbolische Figuren. Von seinen ersten aus Holz geschnittenen Reliefs ging er zu den aus Gips geformten *Concrétions Humaines* über und schuf später direkt auf dem Boden stehende Rundplastiken (*Le Torse*, 1931, *Pépin Géant*, 1937).

«Trotzdem, folgerte Jean-Louis Prat, in den dreißiger Jahren Direktor der Stiftung, kommen Matisse, Laurens, Lipchitz, Marini, Zadkine, Picasso auf eine bestimmte Tradition zurück, die Bronzearbeiten finden ihre Rechte wieder, die Werke kündigen eine neue Tendenz und ein neues

Joan Miró, «Nord-Sud», 1917,
Öl auf Leinwand, 62 × 70 cm.

Gleichgewicht an, die erst 1945, nach dem Krieg, richtig zur Geltung kommen sollten. Der Bildhauerkunst werden erneut Verträge gestellt, sie findet dadurch ihren Platz im Rahmen der Architektur».

Die Stiftung nutzte ebenfalls öfters die Gelegenheit, Joan Miró, einem der am Anfang dieses Abenteurs stehenden Künstler, sowohl 1968 als auch 1973 und 1979 wichtige Ausstellungen zu widmen. Die letzte fand 1990 statt. In dieser Ausstellung wurden Bilder gezeigt, die nie zuvor zusammen gekommen waren. In der Tat waren Sammler und Museen der ganzen Welt damit einverstanden, für die Zeit der Rückschau Werke anzuvertrauen, die bisher noch nie in Frankreich ausgestellt worden waren. Es wurden im Ganzen 120 Werke ausgestellt, d. h. Bilder, Gouachen, Zeichnungen wie *Nord-Sud, La Ferme, Carnaval d'Arlequin, Intérieur Hollandais, Une étoile caresse le sein d'une négresse...* vorgeführt.

1. André Malraux, «Lettre à Roger Caillois», im Katalog *Le Musée Imaginaire d'André Malraux*, Maeght Éditeur, Paris, 1973.
2. Jean Leymarie, *Bonnard dans la lumière*, Reihe Archives, Maeght Éditeur, Paris, 1978.

Joan Miró, «Naissance du jour I», 1964, Öl auf Leinwand, 146 × 113,5 cm.

Verzeichnis der von der Fondation Maeght organisierten Ausstellungen

1964 «Inauguration de la Fondation Maeght» * .... 28. Juli

1966 «Dix ans d'art vivant 1945-1955» * .... April-Mai
«Wassili Kandinsky», Retrospektive * .... Juli-September

1967 «Dix ans d'art vivant 1955-1965» * .... Mai-Juli
«Hommage à Marc Chagall», Retrospektive * .. August-September

1968 «Art vivant 1965-1968» * .... April-Juni
«Joan Miró», Retrospektive * .... Juli-September
«Simon Hantaï» * .... Dezember-Januar

1969 «Alexander Calder», Retrospektive * .... April-Mai
«Peintres-illustrateurs, livres illustrés modernes depuis Manet» * .... Juni-Juli
«A la rencontre d'Henri Matisse» Retrospektive * .... Juli-September

1970 «À la rencontre de Pierre Reverdy» * .... März-April
«L'Art vivant aux États-Unis» * .... Juli-September
«Jean-Paul Riopelle, grands formats» .... Dezember-Januar

1971 «René Char» * .... April-Mai
«Une école, une fondation» .... Juni
«Hans Hartung, grands formats» * .... Juni-Juli
«Hommage à Georges Rouault» * .... Juli-September
«Paul Rebeyrolle» * .... Dezember-Januar

1972 «Lars Fredrikson» * .... Februar-März
«Titina Maselli» * .... März
«Donation Gonzales» * .... Juni-Juli
«Nicolas de Staël», Retrospektive * .... Juli-September
«Maeght éditeur» * .... Dezember-Januar

1973 «Jean-Claude Farhi» * .... Februar-März
«Louis Le Brocquy» * .... März-April
«Joan Miró, sculptures et céramiques» * .... April-Juni
«Le Musée imaginaire d'André Malraux» * ..... Juli-September
«Bram Van Velde», Retrospektive * .... Dezember-Januar

TC

◀ *Pierre Tal-Coat, «Grand Tracé II», 1955, Öl auf Leinwand, 96 × 200 cm.*

1974 «Claude Garache» * . . . . Februar-März
«Pol Bury, 25 tonnes de colonnes» * . . . . März-Mai
«Zoltan Kemeny», Retrospektive * . . . . März-Mai
«X^e anniversaire
de la Fondation Maeght» * . . . . Juli-September

1975 «L'Art graphique à la Fondation Maeght» * . . . . . . Januar-März
«Bonnard dans sa lumière», Retrospektive * . . . . Juli-September
«Louis Gosselin» * . . . . Dezember-Januar
«Jean-Luc et Titi Parant» * . . . . Dezember-Januar

1976 «Daily Bul and Co» * . . . . Februar-März
«Henri Michaux», Retrospektive * . . . . April-Juni
«Antoni Tàpies», Retrospektive * . . . . Juli-September
«Hommage à Gonzales» * . . . . Dezember-Januar

1977 «Jean-Michel Meurice» * . . . . Januar-Februar
«Jacques Monory - Opéras glacés» * . . . . Januar-Februar
«Marc Chagall. Livres. Gravures originales
pour Aragon et Malraux» * . . . . April-Mai
«Jean Messagier» * . . . . Juni-Juli
«Paul Klee», Retrospektive * . . . . Juli-September

1978 «Raoul Ubac», Retrospektive * . . . . März-Mai
«Alberto Giacometti», Retrospektive * . . . . Juli-September
«Georges Braque - Œuvre graphique» * . . . . . Dezember-Februar

1979 «Saül Steinberg», Retrospektive * . . . . März-April
«Richard Lindner», Retrospektive * . . . . Mai-Juni
«Joan Miró, peintures, dessins,
sculptures 1956-1979» * . . . . Juli-September
«Bernard Moninot» * . . . . Dezember-Januar

1980 «Dessins de la Fondation Maeght» * . . . . März-Mai
«Georges Braque», Retrospektive * . . . . Juli-Oktober

1981 «Hommage à Pablo Picasso» . . . . April-Juni
«Sculpture du XXe siècle : 1900-1945» * . . . . Juli-Oktober

1982 «L'Univers d'Aimé et Marguerite Maeght» * . . . . . . Juli-Oktober
«Karel Appel et Pierre Alechinsky - Encres à deux pinceaux» * . . . . Dezember-Januar

1983 «Anne Madden, peintures et papiers récents» * . . Februar-März
«Sam Francis, peintures et monotypes» * . . . . März-Mai
«Louis Cane, œuvres récentes» * . . . . Mai-Juni
«Max Ernst» * . . . . Juli-Oktober

1984 «Hommage à Joan Miró, peintures, sculptures, dessins» * . . . . März-Mai
«Robert Rauschenberg, œuvres récentes» * . . . . Mai-Juni
«Marc Chagall, rétrospective de l'œuvre peint» * . . . . Juli-Oktober

1985 «FRAC, Provence-Alpes-Côte-d'azur, deux ans d'acquisitions» * . . . . Februar-März
«Piet Mondrian» * . . . . März-Mai
«Christo - Surrounded Islands», Zeichnungen, Pläne, Fotografien, Entwürfe * . . . . Mai-Juni
«Jean Dubuffet», Retrospektive * . . . . Juli-Oktober

1986 «Peintres-illustrateurs du XXe siècle, Aimé Maeght, bibliophile» 200 Originalausgaben * . . . . März-Mai
«Jasper Johns : l'œuvre graphique 100 œuvres de 1960-1985» * . . . . Mai-Juni
«Un musée éphémère, collections privées françaises, 1945-1985» * . . . . Juli-Oktober

1987 «Jean Bazaine» * . . . . März-April
«Domenico Gnoli», Retrospektive * . . . . Mai-Juni
«À la rencontre de Jacques Prévert» * . . . . Juli-Oktober

1988 «Cabinet des dessins de la Fondation Maeght» * . . . . März-Mai
«Le Peintre et l'affiche : de Lautrec à Warhol» * . . . . . Mai-Juni
«Fernand Léger», Retrospektive * . . . . Juli-Oktober

1989 «Arts de l'Afrique noire, collection Barbier-Mueller» * . . . . März-Mai
«L'Œuvre ultime : de Cézanne à Dubuffet» * . . . . . Juli-Oktober

1990 «Un musée - une fondation, collection du musée d'Art Moderne de Saint-Etienne» * . . . . Februar-April
«Jean-Paul Riopelle. D'hier et d'aujourd'hui» * . . . . . April-Juni
«Joan Miró : rétrospective de l'œuvre peint» * . . . . Juli-Oktober

1991	«Cabinet des dessins de la Fondation Maeght»	Februar-Juni
	«Nicolas de Staël», rétrospective *	Juli-September
1992	«Art millénaire des Amériques, collection Barbier-Mueller» *	April-Juni
	«L'Art en mouvement» *	Juli-Oktober
1993	«Collection de la Fondation Maeght: Un choix de 150 œuvres» *	Juli-Oktober
1994	«Trentième anniversaire de la Fondation Maeght Georges Braque: rétrospective» *	Juli-Oktober
1995	«Bacon-Freud: Expressions» *	Juli-Oktober
1996	«Germaine Richier», rétrospective *	April-August
1997	«La sculpture des peintres» *	Juli-November
1998	«Cour Henri Laurens Fonds Pierre Reverdy»	Mai-Juni
	«Otto Dix: Metropolis» *	Juli-Oktober
1999	«Vision nouvelle d'une collection» *	Juli-November
2000	«Sam Szafran» *	Februar-April
	«Paul Rebeyrolle» *	April-Juni
	«Le Nu au XXe siècle» *	Juli-Oktober
2001	«Joan Miró: Métamorphoses des formes» *	April-Juni
	«Kandinsky», rétrospective *	Juli-Oktober
2002	«Miquel Barceló: Mapamundi» *	April-Juni
	«Henri Moore», rétrospective» *	Juli-November
2003	«Arles et la photographie» *	Februar-März
	«La Russie et les avant-gardes» *	Juli-November

** Zu dieser Ausstellung wurde ein Katalog veröffentlicht.*

VI

DIE NÄCHTE DER STIFTUNG

nuits de la fondation maeght

saint-paul (a.m.)

exposition de musique contemporaine

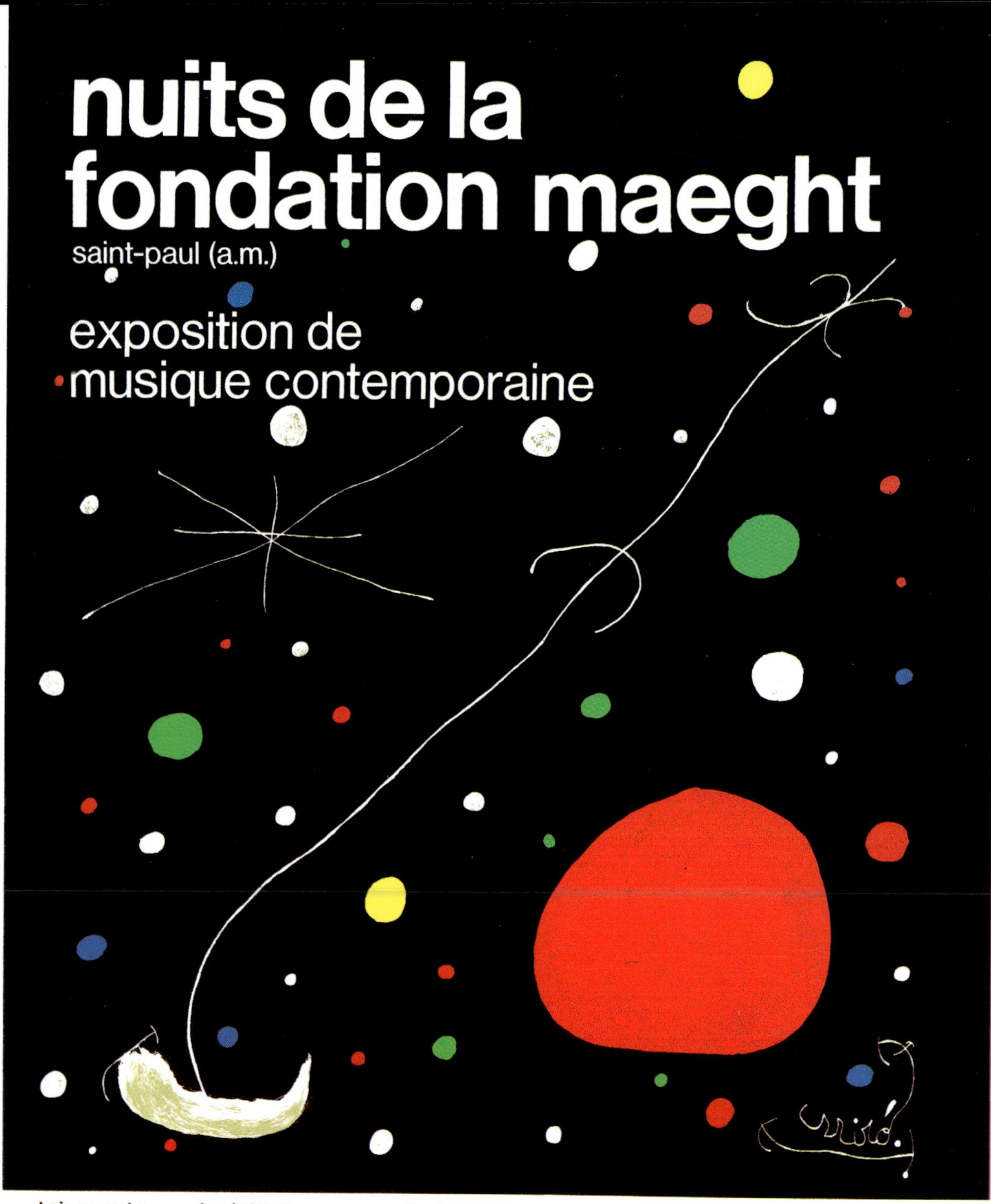

trois concerts:

4 août 21h30	5 août 21h30	7 août 21h30
quatuor parrenin **francis pierre,** harpiste œuvres de **berg, debussy, maderna** **miroglio** (1ère audition) **strawinsky**	**yuji takahashi,** pianiste œuvres de **schönberg, cage** **takemitsu** (1ère audition) **boulez, messiaen** **takahashi** (1ère audition) **xenakis**	**geneviève roblot,** soprano **ensemble instrumental** **de musique contemporaine de paris** direction : **konstantin simonovitch** œuvres de **varese, webern, philippot, kotonski** **guézec, stockhausen**

© maeght éditeur imprimeur

prix des places : 30, 20, 15 et 5 f . abonnement aux 3 concerts : réduction de 10 %

location :

- **fondation maeght** **saint-paul** 32 81 63
- **guglielmi, piano** 8 rue lépante **nice** 85 16 24
- **delrieu,** disques 45 av de la victoire **nice** 88 61 96
- **syndicat d'initiative** 13 place masséna **nice** 85 25 22
- **radio phonola** 42 bld desmoulins **monte-carlo** 30 65 26
- **pathé-marconi** 5 bis pl du général de gaulle **antibes** 34 02 56
- **delbouis,** disques 50 bld de la république **cannes** 38 44 59

Allen Formen der Kunst gegenüber offen, nahm die Stiftung auch die Musik auf.

Die *Nuits de la Fondation Maeght* fanden jeden Sommer, im Juli und August, zwischen 1965 und 1970 in dem Giacomettihof statt. Die Leitung wurde Francis Miroglio anvertraut, den Aimé Maeght über Calder kennenlernte.

Im März 1965 schrieb Francis Miroglio für das Ballet der Oper von Marseille die Musik zu *Eppur si muove* des Choreographen Joseph Lazzini und bat Calder darum, Entwürfe für zwei Stabile und ein Mobile auszuarbeiten. Am Ende der Vorführung erzählte der Künstler Francis Miroglio von der Fondation Maeght, die im vorigen Sommer eingeweiht worden war, und riet ihm, sie zu besichtigen.

«Ich habe gesehen, war hingerissen, aber ich hörte auch die spezifischen akustischen Eigenheiten des Giacomettihofes durch das Flüstern der Pinien. Sofort drängte sich mir der Gedanke auf, daß dies die ideale Stätte sei, um der Musik unserer Zeit zuzuhören.»

Zurück in Paris, ebnete ihm seine Freundschaft mit Calder und Jean Laude den Weg eines ersten Treffens mit Aimé Maeght, dem er sein Projekt vorlegte.

«Sie kommen meinem Wunsch, die Musik in die Stiftung einzuführen entgegen, aber ich glaube, daß es heute, ein Jahr nach ihrer Einweihung, noch zu früh ist. Kommen Sie mich ein anderes Mal besuchen», war die erste Antwort des Kunsthändlers.

Als sich beide Männer zwei Monate später wieder trafen, legte Aimé Maeght zunächst immer noch Einwände ein: «Es muß noch vieles an der Stiftung gemacht werden, bevor wir von Musikspielen sprechen können, aber wir kommen sicher noch darauf zurück.»

Von dem Erfolg des Unternehmens überzeugt, stellte Francis Miroglio dann doch drei Konzertprogramme mit Zeitdauer und Kostenfaktoren auf, unter denen sich einige Erstaufführungen befanden, und stellte diese sofort am nächsten Morgen Aimé Maeght vor.

Letzterer ließ sich in einigen Minuten von dem Vorhaben in Kenntnis setzen, stellte einige praktische Fragen, dachte nach, um schließlich zu er-

◀ *Joan Miró, Originalplakat für die «Nuits de la Fondation Maeght», 1965, Lithographie, 88,5 × 55,5 cm.*

klären: «Die Programme sind ausgezeichnet. Auf geht's! Die beste Zeit in Saint-Paul ist Ende Juli, Anfang August. Wir werden Miró darum bitten, die Titelseite des Programms zu gestalten.»

Mai ging zu Ende, das Abenteuer war riskant, aber es siegten Aimé Maeghts Enthusiasmus und seine Entschlossenheit. Zum ersten Geburtstag ihres Gründungsjahres, im Juli 1965, öffnete die Stiftung der zeitgenössischen Musik ihre Türen.

Francis Miroglio erzählte in einem nach dem Tod Aimé Maeghts, im Oktober 1981, in *La Quinzaine Littéraire* erschienenem Artikel: «Zusammen mit einigen bedeutenden musikalischen Werken des XX. Jahrhunderts, deren Aufführungen oft neue Lekturen derselben boten, wurden während dieser Nächte zahlreiche, von den wichtigsten Komponisten unserer Zeit geschriebene Partituren gespielt. Diese Weltpremieren, deren minutiöse Vorbereitung zum Renommee der Veranstaltung beitrug, wurden vor einem Publikum ausgetragen, dessen Aufnahmevermögen durch die Atmosphäre des Museums, die Sicht der Bilder, das sanfte Hinundherschaukeln der Mobiles, den pastellisierten Schatten der Skulpturen auf den Terrassen geschärft wurde. (...) Die Wortkünste, Dichtung und Theater, fanden in diesem Rahmen einen Platz zum Vorlesen, zum Sagen, ein Szene für den Dialog (...) Die wichtigste Komponente dieser nächtlichen Weltpremieren war jedoch keineswegs aufsehenerregend und für das Publikum unsichtbar. Zwischen den Pinien des Hügels, auf den Mäuerchen sitzend oder unter der Aufsicht eines Musikfreundes sprechen die Komponisten mit den Malern und diskutieren mit den Bildhauern, lassen Dichter ihre Obsessionen hinter sich, erklären Choreographen Theatermännern ihre Sichten, öffnen sich schwarze Jazzmänner europäischen Musikern (...) Im laufe der Musikfeste vertiefte sich diese Dynamik der Zusammenarbeit, der Konfluenz zwischen verschiedenen künstlerischen Spezialisierungen — Musik, Plastik, Dichtung, Tanz, Theater, Film, die alle ihren Platz unter den Aktivitäten der Stiftung besaßen (...).»

Beim Durchblättern der Programme, deren Titelseiten einem Maler und deren Vorstellungstext einem Schriftsteller oder Dichter anvertraut wurden, können wir uns vorstellen, mit was für einem neuen Geiste damals diese Musikfeste, wo verschiedene Musikstile zusammenkamen, durchsetzt waren. Ihnen ist es zu verdanken, daß in Frankreich erstmals einigen großartigen Komponisten und Solisten Aufmerksamkeit geschenkt wurde.

1965

Am 4. August interpretiert das Quator Parrenin mit dem Harfenisten Francis Pierre Werke von Berg, Debussy, Maderna, Miroglio, Schönberg und Stravinsky.

Am 5. August interpretiert der japanische Pianist Yuji Takahashi Werke von Boulez, Cage, Messiaen, Xenakis sowie Kreationen von Takemitsu und Takahashi.
Am 7. August, interpretiert das von Simonovitch dirigierte Ensemble Instrumental de Musique Contemporaine von Paris zusammen mit der Sopranistin Geneviève Roblot, Werke von Guezec, Kontonski, Philippot, Stockhausen, Varèse und Webern.

1966

Am 31. Juli interpretiert das von Marius Constant dirigierte Ensemble Ars Nova Werke von Ives, Ohana, Paccagnini, Schönberg sowie Kreationen von Ballif und Trow.
Am 2. August interpretiert das von Gielen dirigierte Orchestre du Domaine Musical, zusammen mit der Solistin Yvonne Loriod, Werke von Webern und Kreationen von Arrigo, De Pablo und Mefano.
Am 3. August interpretiert ein Ensemble von Solisten zum ersten Mal Werke von Guyonnet, Miroglio, Stockhausen und Xenakis.
Am 1., 3., 5., 6. und 7. August führt die Merce Cunningham Dance Company, die zum ersten Mal bei einem europäischen Festpiel anwesend ist, Tänze zur Musik von John Cage, La Monte Young und Gordon Mumma auf.

Aimé Maeght und John Cage, 1966.

◀ *Merce Cunningham probt im Giacomettihof, 1966.*

Von links nach rechts: Merce Cunningham, John Cage, Francis Miroglio, Carolyn Brown, Geneviève Roblot und Aimé Maeght während der zweiten Festspiele der Nuits de la Fondation, 1966.

1967

Gleichzeitig findet eine René Char gewidmete Ausstellung statt. Das Theater tritt zum ersten Mal im Program auf.
Am 3. August interpretiert der Pianist Claude Helffer Werke von Berg, Webern, Amy, Bartok und Kreationen von Bertoncini, Tremblay und Evangelisti.
Am 4. August führt Sara Pardos zeitgenössische Tanzgruppe vier Ballette zur Musik von De Pablo, Gorecki, Webern und Varèse auf.
Am 5. August liest die Theatertruppe Jacques Guimet gedichte von René Char vor. Die Inszenierung ist von Francis Arnaud.

NUITS DE LA FONDATION MAEGHT

SAINT-PAUL

IIIe FESTIVAL INTERNATIONAL DE MUSIQUE ET D'ART CONTEMPORAINS

CONCERTS BALLETS POESIE CINEMA

10 CREATIONS ET 13 PREMIERES AUDITIONS

3 Août 21 h 30
CLAUDE HELFFER pianiste

4 Août 21 h 30
COMPAGNIE DE DANSE CONTEMPORAINE SARA PARDO

5 Août 21 h 30
RENE CHAR

6 Août 21 h 30
ENSEMBLE MUSIQUE VIVANTE
Direction DIEGO MASSON

9 Août 21 h 30
QUATUOR A PERCUSSION DE PARIS

10 Août 21 h 30
SEVERINO GAZZELLONI flûtiste

11 Août 21 h 30
ENSEMBLE ARS NOVA DE L'ORTF
Direction ERNEST BOUR

Spectacle permanent

HOMMAGE A MARC CHAGALL DANS LES SALLES DU MUSEE ILLUMINE

Pour tous renseignements et locations s'adresser à

SAINT-PAUL · PARIS · NICE · CANNES · ANTIBES · JUAN-LES-PINS

Avec la participation de l'ORTF

◀ *Marc Chagall, Originalplakat für die «Nuits de la Fondation Maeght», 1967, nach einer Lavierung, Offsetdruck, 65 × 25 cm.*

Am 6. August interpretiert das von Diego Masson dirigierte Ensemble Musique Vivante, zusammen mit der Sopranistin Geneviève Roblot, Werke von Boulez und Kreationen von Nilsson, Clementi, Haubenstock-Ramati und Shinohara.
Am 9. August spielt das Quator à Percussions von Paris, zusammen mit dem Posaunenbläser Globokar, zum ersten Mal in Frankreich Werke von Rotter, Nono, Beri, Globokar und Brown.
Am 10. August geben der italienische Flötist Severino Gazzelloni und der Pianist Bruno Canino ein Konzert mit Werken von Renosto, Matsudaira, Yun, Castiglioni, Kontonski und Miroglio.
Am 11. August interpretiert das von Ernest Bour dirigierte Ensemble Ars Nova, zusammen mit dem Violinisten Ivry Gitlis, Werke von Schönberg, Varèse und Kreationen von Mestral, Benhamou, Koering.

1968

Am 22. Juli wird in der Stiftung das Concert Irregular von Joan Bossa mit Musik von Carlos Santos, Inszenierung von Portabella, Kulissen und Kostümen von Joan Miró aufgeführt.

Allgemeinprobe des von Ernest Bour dirigiertem Ensemble Ars Nova *vor dem am 11. August 1967 im Giacomettihof gegebenen Konzert.*

◀ *Weltpremiere von Francis Miroglios «Tremplin» im Giacomettihof mit Lichtinszenierung des Orchesters, 1969.*

Cecil Taylor und Aimé Maeght am 28. Juli 1969.

1969

Zum Festspiel gehört auch die Projektion von Kunst- und Experimentalfilmen.

Am 21. und 23. Juli interpretiert das von Diego Masson dirigierte Ensemble Musique Vivante in einer Weltpremiere, zusammen mit vier Sängern (Marie-Thérèse Cahn, Geneviève Roblot, Luis Masson und Jean-Marie Gourlou), zwei Theatermusikwerke von Haubenstock-Ramati und Miroglio mit einer Inszenierung von Jacques Polieri und projezierten Gemälden von Alain Le Yaouanc.

Am 22. Juli interpretiert das von Diego Masson dirigierte Ensemble Musique Vivante mit Solisten zum ersten Mal in Frankreich Werke von Webern, Kagel und in einer Weltpremiere Werke von Arrigi, Guezec, De Pablo.

Am 25. und 27. Juli werden Kreationen von Ferrari und Koering interpretiert.

Am 26. Juli finden vier Weltpremieren von Karlheinz Stockhausens Werk statt, die von Harold Boje, Roy Art, Michaël Vetter und einem Ensemble von Solisten interpretiert werden.

Der *Komponist Karlheinz Stockhausen am 26. Juli 1969 in der Stiftung.*

NUITS DE LA FONDATION MAEGHT
Les Etats Unis
musique contemporaine - ballets - events
16 juillet - 5 août 1970
STEINBERG

◀ *Saül Steinberg, Originalplakat für die «Nuits de la Fondation Maeght», 1970, Lithographie, vergoldet, 89 × 57,5 cm.*

Am 28. und 29. Juli spielen Cecil Taylor und seine Band zweimal im Giacomettihof.

1970

Gleichzeitig spielt sich die Ausstellung «L'Art Vivant aux États-Unis», in der sowohl amerikanische «Undergroundfilme» wie auch «events» amerikanischer Künstler gezeigt werden, ab.

Am 16. Juli interpretiert der amerikanische Komponist und Dirigent Lukas Foss mit dem Evening for New Music Ensemble Werke von Lukas Foss und Joël Chabade, die Robert Israël mit «M.A.P.» plastisch untermalt.
Am 17., 18., 19. und 21. Juli werden Ballette und «events» der Merce Cunningham Dance Company mit Musik von Oliveros, Cage, Mumma und Tudor vorgeführt; die Kulissen stammen von Jaspers Johns, Robert Morris und Frank Stella.

Hans Walter Müllers aufblasbares Experimentaltheater, das während der «Nuits de la Fondation Maeght» 1970 aufgestellt wurde.

◀ *Sun Râ beim Konzert, 3. August 1970.*

Am 20. Juli interpretieren das Ensemble Ars Nova und das Evening for New Music Ensemble in einer Weltpremiere gemeinsam Werke von Hiller, Feldman, Brown, Foss und Reynolds.
Am 22. Juli spielt das Evening for New Music Ensemble Werke von Burge, Carter, Williams, Behrman, Budd und Albright, wobei es sich hier um europäische und Weltpremieren handelt. Bei dieser Gelegenheit finden verschiedene «performances» von Carl André, Hans Haacke und Robert Whitman statt.
Am 25. und am 27. Juli spielt das Albert Ayler Sextet.
Am 28. Juli finden sich auf Initiative von Silvia Monfort hin, die Generalstände des Theaters zusammen, um über Theaterkreation in Frankreich zu diskutieren.
Am 29. Juli und am 4. August ist La Monte Young anwesend.
Am 3. und am 5. August spielt das Sun Râ Arkestra außergewöhnlichen Jazz in dem von Hans Walter Müller gestaltenen aufblasbarem Experimentaltheater.

Die Musiknächte der Fondation Maeght haben somit einen Kreativitätshöhepunkt dargestellt, der bei Zuhörern und Publikum einen starken Eindruck hinterlassen hat. Leider war dieses Vorhaben für die finanziellen Möglichkeiten einer privaten Stiftung zu kostspielig. 1971 mußte sie das Experiment aufgeben, trotz ihrer Errungenschaften im Rahmen der Verteidigung zeitgenössischer Musik.

1984 versuchte Adrien Maeght, nach dem Tod seines Vaters, diese Festspiele erneut ins Leben zurückzurufen. Unter anderem bat er Streijinsky, den Akustiker der Universität Genf, darum, ein Podium mit großen akustischen Rückstrahlern fertigzustellen, um die Mängel, die den Interpreten der ersten Nächte aufgefallen waren, zu beseitigen. Fünf Jahre lang bot eine Serie von Konzerten unter der Direktion von Blaise Calame die Möglichkeit, einige Weltpremieren von bedeutenden Komponisten und Interpreten, wie zum Beispiel Mstislav Rostropovitch, Luciano Berio, Jean-Claude Risset, Emmanuel Krivine, Frédéric Lodéon, Michel Portal, Margaret Price, Karlheinz Stockhausen... zu genießen. Leider mußte sich die Stiftung erneut der Evidenz roter Zahlen unterwerfen...

1. Francis Miroglio, Cahier du CREM.

Der *Filmamateur Aimé Maeght.*

VII

KUNSTFILME

«Raoul Ubac»,
Szene aus Caroline Laures und Franco Leccas Film, 1972.

Von 1969 an entschloß sich Aimé Maeght, der ein Fotografie- und Filmliebhaber war, der Kunst gewidmete Filme zu produzieren. Dem Beispiel der Stiftung folgend, befinden sich im Blickwinkel seiner Kamera diverse Kunstgebiete. Dies ist vor allem auf seine Neugierde für die lebende Kunst und auf seinen Wunsch, sie den Leuten nahezubringen, zurückzuführen.

In dem er die Regie dieser Reportagen verschiedenen Cineasten wie Francesc Catala Roca, Clovis Prévost, Jean-Michel Meurice, Raoul Sangla, Ernst Scheidegger, Carlos Vilarderbo übergab, produzierte Aimé Maeght an die dreißig Kurz- und Langfilme, die im Kino der Stiftung gezeigt wurden.

So wurden die *Nuits de la Fondation* 1969 und 1970 gefilmt. Der Film entpuppte sich in diesem Fall als ideales Mittel, bestimmte Konzertaugenblicke (Cecil Taylor, Terry Riley, Albert Ayler oder Sun Râ) für immer festzuhalten.

Andere Filme zeigen Künstler bei ihrer alltäglichen Arbeit: Raoul Ubac, der Furchen in den Sand gräbt, Alexander Calder, wie er in einer Fabrik die Montage eines seiner monumentalen Stabile dirigiert, Joan Miró bei der Arbeit an seiner Wandkeramik für Osaka, in Japan.

Maler und Bildhauer wurden ihrerseits Regisseure. Pol Bury drehte verschiedene Filme (z. B. *Une leçon de géométrie plane*) und Valerio Adami drehte *Vacances dans le désert.*

Aber am Besten gelangen in diesem Rahmen die drei Langfilme, die André Malraux anvertraut wurden: *Les Métamorphoses du regard* (drei Teile), *Les Dieux de la nuit et du soleil, Les Maîtres de l'irréel, Le Monde sans Dieux,* in denen sich der Schriftsteller mit dem Sinn der Kunst, von Lascaux bis in unsere Zeit, beschäftigte.

Verzeichnis der Filme

NUITS DE LA FONDATION MAEGHT, 1969

• *Free Jazz: Concert Cecil Taylor*
3 Filme, 16 mm, Farbe, 26 Min., 1969-1970
1 Film von 1 Stunde 30'
Regie: Raoul Sangla

• *Cette nuit là, les hommes marchèrent sur la lune*
1 Film, 16 mm, Farbe, 18 Min., 1969-1970
Regie: Carlos Vilarderbo.

NUITS DE LA FONDATION MAEGHT, 1970

• *Free Jazz: Concert Lukas Foss*
1 Film, 16 mm, Farbe, 59 Min., 1970
Regie: Jean-Michel Meurice

• *Film constat: Terry Riley*
1 Film, 16 mm, Farbe, 48 Min., 1970
Regie: Jean-Michel Meurice

• *Albert Ayler: le dernier concert*
1 Film, 16 mm, Farbe, 51 Min., 1970-1971
Regie: Jean-Michel Meurice

• *Sun Râ*
1 Film, 16 mm, Farbe, 55 Min., 1971
Regie: Jean-Michel Meurice

AUSSTELLUNG «ART VIVANT AUX ÉTATS UNIS»

• *Dans une heure et demain peut-être*
1 Film, 16 mm, Farbe, 52 Min., 1970
Regie: Jean-Michel Meurice

QUELLEN DER ZEITGENÖSSISCHEN KUNST

• *La Couleur de la revue blanche*
1 Film, 16 mm, Farbe, 13 Min., 1965
Regie: Huguette Marquand-Ferreux

• *Gaudi*
1 Film, 16 mm, Farbe, 30 Min., 1969-1970
Regie: Clovis Prévost

• *À bas les murs du silence (Les graffiti)*
1 Film, 16 mm, Farbe, 38 Min., 1970
Regie: Clovis Prévost et William Mac Lean

• *Les Métamorphoses du regard*
— Les Dieux de la nuit et du soleil
— Les Maîtres de l'irréel
— Le Monde sans dieux
3 Filme, 16 mm, Farbe, 3 x 52 Min., 1974
Mitarbeiter: Pierre Dumayet und Walter Langlois.
Regie: Clovis Prévost.

DEN KÜNSTLERN GEWIDMETE FILME

• JOSEP LLORENS ARTIGAS: *céramique*
1 Fim, 16 mm, Farbe, 23 Min., 1969
Regie: Francesc Catala Roca

• ALEXANDER CALDER: *portrait*
1 Film, 16 mm, Farbe, 40 Min., 1971
Regie: Charles Chaboud

• MARC CHAGALL: *portrait*
Ausstellung des Grand Palais
1 Film, 16 mm, Farbe, 53 Min., 1969
Regie: Pierre Dumayet

• ALBERTO GIACOMETTI
1 Film, 16 mm, Farbe, 29 Min., 1965-1966
Regie: Ernst Scheidegger und Peter Münger

• ZOLTAN KEMENY
1 Film, 16 mm, Farbe, 1969
Regie: Charles Chaboud

• JOAN MIRÓ, JOSEP LLORENS ARTIGAS: *céramique murale (Osaka 1970)*
1 Film, 16 mm, Farbe, 12 Min., 1970
Regie: Francesc Catala Roca

• JOAN MIRÓ: *peinture murale (Osaka 1970)*
1 Film, 16 mm, Farbe, 12 Min., 1970
Regie: Francesc Catala Roca

• JOAN MIRÓ: *l'altre*
1 Film, 16 mm, Farbe, 29 Min., 1970
Regie: Pere Portabella

• JOAN MIRÓ: *lithographie d'une affiche*
1 Film, 16 mm, Farbe, 18 Min., 1971
Regie: Clovis Prévost

• JOAN MIRÓ: *sculpteur*
1 Film, 16 mm, Farbe, 38 Min., 1973
Regie: Clovis Prévost und Carlos Santos

• JOAN MIRÓ
1 Film, 16 mm, Farbe, 38 Min., 1973
Regie: Franco Lecca und Caroline Laure

• JOAN MIRÓ: *Forzea, sculptures*
1 Film, 16 mm, Farbe, 30 Min.
Regie: Pere Portabella

• JOAN MIRÓ: *tapisserie*
1 Film, 16 mm, Farbe, 30 Min.
Regie: Pere Portabella

• JEAN-PAUL RIOPELLE: *portrait*
1 Film, 16 mm, Farbe, 24 Min.
Regie: Pierre Schneider

• ANTONI TÀPIES
1 Film, 16 mm, 32 Min., 1969-1970
Regie: Clovis Prévost

• RAOUL UBAC: *portrait*
1 Film, 16 mm, Farbe, 34 Min., 1972
Regie: Caroline Laure und Franco Lecca

VON DEN KÜNSTLERN GEDREHTE FILME

• *8500 tonnes de fer*
1 Film, 16 mm, s/w, 14 Min., 1971
Regie: Pol Bury und Clovis Prévost

• *Une leçon de géométrie plane*
1 Film, 16 mm, s/w, 13 Min., 1971
Regie: Pol Bury und Clovis Prévost

• *135 km/h*
1 Film, 16 mm, s/w, 16 Min., 1972
Regie: Pol Bury und Clovis Prévost

• *Vacances dans le désert I et II*
2 Filme, 16 mm, Farbe, 35 Min., 1972
Regie: Gian Carlo und Valerio Adami.

VIII

ALBUM DER STIFTUNG

Marguerite Maeght heißt Nadia Léger am 28. Juli 1964, am Abend der Einweihung, in der Stiftung willkommen.

Duke *Ellington und Joan Miró*
in der Stiftung, 1966.

◀ Duke *Ellington und Yoyo Maeght,*
Juli 1966.

Georges *Braque und Isabelle Maeght,*
1963.

Marc Chagall, André Malraux und Aimé Maeght vor «La Vie» bei der Vernissage der Ausstellung «Hommage à Marc Chagall», August 1967.

Marguerite Maeght, der Herausgeber Tériade und seine Frau Alice bei der Ausstellung «Hommage à Marc Chagall», 1967.

Marguerite Maeght, Marc Chagall und Nadia Léger.

Aimé Maeght und Marc Chagall bereiten «Et sur la terre» von André Malraux in Vava Chagalls Anwesenheit in den Druckateliers von Saint-Paul vor.

Félix Zanutto und Simone Signoret in der Stiftung, Juni 1967.

Aimé Maeght vor Andy Warhols «Marylin», 1967 bei der Ausstellung «Art Vivant 1965-1968», 1968.

*Einige Stunden vor der Vernissage der ihm ▶
von der Stiftung gewidmeten Retrospektive installiert
Alexander Calder ein Stabile im Eintrittsgarten, 1969.*

*Max Ernst während der Konferenz über Kinetik
in der Stiftung, 1969.*

Sol Lewit installiert «Fünf Würfel », 1970,
Stahl, weiß bemalt, 450 × 450 × 160 cm,
im Rahmen der Ausstellung «L'Art vivant aux États-Unis», 1970.

Aimé Maeght und Hans Hartung
bei der Ausstellung «Hans Hartung, grands formats», 1971.

Jean-Louis Prat, Direktor der Stiftung,
Herr und Frau Georges Pompidou und Aimé Maeght
bei der Retrospektive «Nicolas de Staël», 1972.

Edgar *Faure besucht die Stiftung während der Ausstellung «Le Musée imaginaire d'André Malraux», September 1973.*

Bram Van Velde, Samuel Beckett und Aimé Maeght während der dem Maler gewidmeten Retrospektive, 1973.

Ben und Aimé Maeght während der Vernissage der Ausstellung «Daily Bul and Co», 7. Februar 1976.

Aimé Maeght und Saül Steinberg
während der Steinberg gewidmeten Retrospektive, 10. März 1979.

Yoyo Maeght, Robert Rauschenberg und Adrien Maeght bei der Vernissage der Ausstellung Rauschenberg, 1984.

*A*drien *Maeght, Valerio Adami und Louis Cane bei der Vernissage der Ausstellung «Louis Cane, œuvres récentes», 7. Mai 1983.*

Von links nach rechts:
Michel Guy, Jean-Louis Prat, Gustav Zumsteg,
Edmonde Charles-Roux, Emilio Miró, Isabelle und Adrien Maeght
bei der Ausstellung «Hommage à Joan Miró», März 1984.

Adrien Maeght und Dominique Bozo
bei der Retrospektive von Joan Mirós Malerei, Juli 1990.

Isabelle Maeght und Joan Mirós Enkel Emilio am Abend der Vernissage der Ausstellung «Miró», Juli 1990.

Marco Del Re, «Natura silente IX», 2002,
Mischtechnik auf Papier Népal, 100 X 121 cm.

ANHANG

Marguerite und *Aimé Maeght in der Stiftung, 1976.*

Marguerite und Aimé Maeght

Wichtigste biographische Daten:

1906
Aimé Maeght wird am 27. April in Hazebrouk (Norden Frankreichs) als Sohn des Bahnbeamten Alfred Maeght und seiner Frau Marthe Marguerite Roy geboren. Er ist der älteste einer Familie von fünf Kindern.

1909
Marguerite Devaye wird am 25. August in Cannes als Tochter der Kaufleute François Devaye und Anna Fassone geboren. Sie ist die jüngste Tochter einer Familie von drei Kindern.

1914-1925
Aimé Maeghts Vater fällt im Krieg. Das Familienhaus wird zerstört und seine Mutter wird vom Roten Kreuz mit den Kindern nach Lassalle (Gard) repatriiert.
Als Sozialhilfeempfängerkind studiert Aimé Maeght an der Realschule in Nîmes. Er interessiert sich für moderne Musik und spielt in Amateurorchestern.

1926-1929
Nach seinen Studien in der Technischen Schule in Nîmes arbeitet Aimé in der Druckerei Robaudy, in Cannes, als Zeichner und Lithograph. Er trifft Marguerite Devaye und heiratet sie am 31. Juli 1928. Aimé interessiert sich für die Werbung und führt zahlreiche Werbeplakate aus.

1930
Gründung der Druckerei Imprimerie des Arts. Der erste Sohn, Adrien, wird am 17. März geboren.

1932
Marguerite und Aimé Maeght öffnen in der Rue des Belges einen Dekorationsladen, in dem sie auch Funkgeräte verkaufen. Erste Begegnung mit Bonnard dank der Ausführung einer Lithographie.

1936
Der Laden verwandelt sich langsam in eine Galerie — Galerie Arte —, in der Werke lokaler Maler wie Domergues, Lartigue, Pastour... ausgestellt werden.

1939-1940
Aimé Maeght wird als Marineinfanterist in Toulon eingezogen und kehrt nach Friedensschluß wieder nach Cannes zurück.

1941

Das Ehepaar freundet sich mit Pierre Bonnard an. Letzterer rät Aimé, sich endgültig als Kunstverleger und Kunsthändler niederzulassen.

1942

Der zweite Sohn, Bernard, wird am 2. Mai geboren.

1943

Begegnung mit Henri Matisse, der später zahlreiche Bildnisse von Marguerite Maeght malte.

1945

Im Oktober eröffnen Marguerite und Aimé Maeght in Paris, 13 Rue de Téhéran, eine Galerie, die ihren Namen trägt und von Jacques Kober geleitet wird.
Sie wird mit einer Ausstellung von Matisse eingeweiht.
Als Verleger geht Aimé Maeght seiner Leidenschaft nach und veröffentlicht die ersten Werke der Reihe *Pierre à feu* (illustrierte Gedichte- und Prosabände). Diese Reihe wurde später durch Monographien (Bazaine, Chagall, Kandinsky, Miró) erweitert.

1946

Kollektivausstellung: *Sur quatre murs*, mit Bonnard, Matisse, Picasso, Braque, Léger, Rouault, Gris...
Erste große Originalauflage: Franz Kafkas von Atlan illustrierte «Beschreibung eines Kampfes» (Description d'un combat).
Ausstellung *Le noir est une couleur* (Schwarz ist eine Farbe), dessen Katalog die erste Nummer von *Derrière Le Miroir* (Großformat-Zeitschrift mit Originallithographien und Texten von Dichtern, Schriftstellern oder Kritikern) wird.

1947

Les Mains éblouies ist die erste, den neuen Tendenzen der Malerei und der Bildhauerei (Rezvani, Dmitrienko, Mason, Quentin...) gewidmete Ausstellung.
Adrien Maeght übernimmt die Herausgeberaktivitäten bis 1957.
Les Miroirs Profonds, das markanteste Heft der Reihe *Pierre à Feu*, ist Matisse gewidmet und erscheint mit Texten großer zeitgenössischer Schriftsteller. Marcel Duchamp und André Breton organisieren die wichtige und umstrittene Ausstellung *Le Surrealisme*. Es werden Jacques Kobers, von Bonnard, Braque und Matisse illustriertes Werk *Le Vent des épines* und Georges Braques *Cahier* veröffentlicht. Erste Georges Braque gewidmete Ausstellung.

1948

Erste Geer und Bram Van Velde, wie auch Joan Miró gewidmete Ausstellungen. Veröffentlichung von *Perspectives* von Paul Eluard, mit Illustrationen von Albert Flocon, und von Joan Mirós *L'Album 13*. Louis-Gabriel Clayeux wird Leiter der Galerie und nimmt seine Freunde Léger, Ubac, Bazaine, Calder und Giacometti in die Galerie auf.
Michel Seuphor und André Farcy bereiten die Ausstellung *L'Art abstrait* vor.

1950

Die Herausgeberaktivitäten nehmen immer mehr zu. Es werden *Parler Seul* von Tristan Zara, mit Illustrationen von Joan Miró, *Milarepa* und *Une aventure méthodique* von Pierre Reverdy, mit Illustrationen von Georges Braque, veröffentlicht. Erste, Marc Chagall, Alexander Calder und Raoul Ubac gewidmete Ausstellungen. Marguerite und Aimé Maeght kaufen in Saint-Paul einen Besitz. Letzte Ausstellung der Serie *Les Mains éblouies* (Arnal, Alechinsky, Corneille, Youngerman, Palazuelo, Chillida...).

1951

Ausstellung *Wassili Kandinsky*.
Erste Alberto Giacometti gewidmete Ausstellung. Die Ausstellung *Tendance* stellt junge Künstler (Germain, Pallut, Poliakoff...) vor.

1953

Marguerite und Aimé Maeghts jüngster Sohn Bernard stirbt am 25. November an einer schweren Krankheit. In tiefster Trauer zieht sich das Ehepaar nach Saint-Paul zurück. Die Wärme und die Anwesenheit der Künstler helfen ihm dabei, seinen Schmerz zu überwältigen. Es spielt mit dem Gedanken, in Saint-Paul einen Treffpunkt für die Künstler zu schaffen.

1953-1958

Paule und Adrien heiraten am 8. April 1954. Ihre Töchter Isabelle und Florence werden jeweils 1955 und 1956 geboren.
In Paris stellt die Galerie in diesen Jahren Werke neuer Künstler aus: Saül Steinberg (1953), Pierre Tal-Coat (1954), Pablo Palazuelo (1955), Eduardo Chillida (1956), Ellsworth Kelly (1958) und François Fiedler (1959).
Zwischen den der Galerie angehörenden Künstlern verschiedener Staatsangehörigkeiten entwickeln sich eine gute Zusammenarbeit und starke Freundschaften.
Adrien Maeght verläßt 1958 die Galerie und gründet 42, Rue Bac (7. Arrondissement von Paris) seine eigene Bücherei und Galerie.

1959 - 1961
Aimé Maeght gründet seine Ateliers für Lithographie und Druck in Levallois. Sein Leben gilt von nun an der Verbreitung dieser modernen Technik und der Bibliophilie.
Adrien Maeght stellt zum ersten Mal Kollagen seines Freundes Jacques Prévert aus.
1959 wird Paule und Adrien Maeghts dritte Tochter Yoyo geboren.

1962 - 1963
Marguerite und Aimé Maeght finanzieren den Bau ihrer Stiftung in Saint-Paul, dessen Architekt Josep Lluis Sert ist. Ausstellung *Der Blaue Reiter* (1962).

1964
Die Fondation Maeght wird am 28. Juli von André Malraux, der das Projekt unterstützt hat, eingeweiht. Marguerite und Aimé Maeght schenken einen Teil ihrer Sammlung der Stiftung, die sie bis an ihr Lebensende bereichern. Aimé Maeght erhält den Ritterorden der Ehrenlegion.

1965
Erste Musiknächte der Stiftung. Diese Nächte finden bis 1970 jedes Jahr im Juli statt.
Die zu klein gewordenen Ateliers in Levallois werden mit der von Adrien Maeght in der Rue Daguerre (14. Arrondissement von Paris) gegründeten Druckerei Arte verschmolzen. Die Künstler können sich von nun an frei mit Druck, Lithographie, Phototypie und Offsetdruck beschäftigen.

1966
Es wird die erste Nummer von *L'Éphémère* (alle drei Monate erscheinendes Literaturheft) veröffentlicht, an der Yves Bonnefoy, André du Bouchet, Gaëtan Picon, Michel Leiris, Louis-René des Forêts, Paul Celan und Jacques Dupin mitarbeiten.
In der Stiftung findet die Ausstellung *L'Art vivant 1945-1955* statt.

1967
Erste jeweils Paul Rebeyrolle und Antoni Tàpies gewidmete Ausstellungen. Retrospektive *Marc Chagall* in der Stiftung.
Die erste weltweite Sendung «Unsere Welt», in der über die Fondation Maeght und über ein Ballet von Joseph Lazzini zu Musik von Francis Miroglio gesprochen wird, wird über Telstar in 53 Ländern übertragen.

1968
Es erscheint die erste Nummer von der Monatszeitschrift *L'Art vivant,* die sich hautpsächlich für die Avantgarde im Rahmen der plastischen Künste, des Films, der Fotografie, der Musik und der Architektur interessiert.
Geburt von Paule und Adrien Maeghts Sohn Julien.

1969
Aimé Maeght beschließt, den Künstlern gewidmete Filme zu produzieren. Eine Serie von drei Langfilmen, *Les Métamorphoses du regard* von André Malraux, wurde vom französichen Fernsehen mitproduziert und gehört zu den wichtigsten unter ihnen. Erste Pol Bury gewidmete Ausstellung. In der Stiftung läuft die Ausstellung *À la rencontre de Matisse.*

1970
Erscheinung des ersten Bandes der Reihe *Monographies.*
Erste Valerio Adami gewidmete Ausstellung.

1971
Veröffentlichung des ersten Bandes der von Michel Seuphor und Michel Ragon verfaßten *L'Art abstrait* (5 Bände).
Es erscheint *Fêtes* von Prévert mit Illustrationen von Alexander Calder. In der Stiftung findet die Ausstellung *René Char* statt.

1972
In der Stiftung läuft die Retrospektive *Nicolas de Staël.*
Gründung des Komitees Pierre Reverdy.

1973
In der Stiftung wird am 13. Juli die besonders wichtige Ausstellung *Le Musée Imaginaire d'André Malraux* von ihm persönlich eingeweiht.
Anfang der Serie *Placards*, in der eine Lithographie oder eine Serigraphie eines Künstlers zusammen mit dem Text eines Dichters erscheinen.
Veröffentlichung Hölderlins, von Bram Van Velde illustriertem *L'Unique*.

1974
Einweihung der Galerie Maeght in Barcelona.
In der Stiftung werden musikalische Momente organisiert, in denen junge Solisten (Augustin Dumay, Frédéric Lodéon, Emmanuel Krivine, Michel Portal, Henri Barda, Alain Planès...) vorgestellt werden.
Einweihung der Kapelle Sainte-Roseline aux Arcs (Var), dessen Renovierung von Marguerite Maeght finanziert wurde, und wo sich Werke von Marc Chagall, Diego Giacometti, Raoul Ubac, Jean Bazaine... befinden.

1975
Parallel zur Zeitschrift *Argile* erscheint eine Reihe mit gleichem Namen, dessen Ziel es ist, die von zeitgenössischen Künstlern illustrierten Werke junger Autoren vorzuführen.
Erste Claude Garache gewidmete Ausstellung.
In der Stiftung läuft die Retrospektive *Bonnard dans sa lumière* ab.
Marguerite Maeght wird der Ritterorden der Ehrenlegion verliehen.
Veröffentlichung von Jacques Préverts *Adonidès*, mit Illustrationen von Joan Miró.

Es wächst die Idee eines Projekts heran, in Paris ein alle Aktivitäten der Galerie, des Verlages und der Stiftung umfassendes Zentrum zu gründen, das sich auf die Herausgeberaktivitäten spezialisieren und sich um bestimmte Kunsthandwerke kümmern würde. Dieses große Restaurierungs- und Rehabilitationsprojekt einer Kleininsel des Marais wurde jedoch administrativer Schwierigkeiten wegen nie verwirklicht.
Vom französischen Fernsehen gedrehter Film: *Du côté de chez les Maeght*. Es handelt sich um zehn 26 Minuten lange Sendungen, die im 3. Kanal erschienen.

1976
Im Verlag Maeght erscheinen weiterhin Originaldrucke, Lithographien, Radierungen und laufende Publikationen.
Erste Jacques Monory gewidmete Ausstellung.

1977
✝ Marguerite Maeght stirbt am 31. Juli.
In der Stiftung läut die Retrospektive *Paul Klee* ab.
Erste Shusaku Arakawa und Richard Lindner gewidmete Ausstellungen.
Veröffentlichung von zwei von Marc Chagall illustrierten Büchern: André Malrauxs *Et sur la terre* und Louis Aragons *Celui qui dit les choses sans rien dire*.

1978
Erste Ausstellung von Gérard Titus-Carmel.
Retrospektive von Alberto Giacomettis Werk in der Stiftung. Herausgabe von Octavio Pazs *Petrificada petrificante* mit Illustrationen von Antoni Tàpies.

1979
Es werden (14, rue de Téhéran) neue Ausstellungsräume eingeweiht, um junge Künstler (Paul Rotterdam, Peter Stämpfli, Hervé Télémaque, Nigel Hall...) zu unterstützen.
Erste Ausstellung von Edward Kienholzs Werk.

1980
Erste Ausstellung des Künstlers Konrad Klapheck.
Retrospektive von Georges Braque.

1981
Erste Pierre Alechinsky, Isamu Noguchi und Takis gewidmete Ausstellung.
In der Stiftung findet die Retrospektive *La Sculpture du XXe siècle: 1900-1945* statt.
✝ Aimé Maeght stirbt am 5. September.

Chronologie der Bauarbeiten der Fondation Maeght

1953

- Marguerite und Aimé Maeght beschließen, in Saint-Paul einen Treffort für die Künstler zu schaffen.

1956

- Aimé Maeght besucht Joan Mirós Atelier in Palma de Majorca, das 1955 bis 1956 von Josep Lluis Sert gebaut wurde, und beschließt, diesem Architekten den Bau der Stiftung zu überlassen.

1957

- 3. Juni: Aimé Maeght schreibt Josep Lluis Sert einen Brief, in dem er ihn darum bittet, sein Museum zu errichten.
- 10. Juni: vom Projekt der Stiftung begeistert, sagt Josep Lluis Sert zu. Beide Männer korrespondieren von jetzt an regelmäßig.
- Dezember: Aimé Maeght reist in die Vereinigten Staaten und trifft sich dort mit Josep Lluis Sert.

1958

- 2. Februar: Josep Lluis Sert skizziert die ersten Entwürfe.
- Juli: Besuch in Saint-Paul von Josep Lluis Sert.
- 10. November: erster Entwurf des Gebäudes.
- 2. Dezember: zweiter Entwurf des Gebäudes.

1959

- 6. Juni: es wird die Bitte um eine Baugenehmigung eingereicht.
- Juli: erste Modelle der Stiftung.
- 15.-23. Juli: Josep Lluis Sert reist nach Saint-Paul.
- 14. August: die Baugenehmigung wird ausgehändigt (Nr. 21 472).
- 7. Oktober: das Cabinet Emmanuel Bellini wird mit der Ausführung beauftragt.

1960

- 5. Januar: Eugène Lizero und Emmanuel Bellini werden als Bauarchitekten eingesetzt.
- 11. März: endgültige Pläne des Museums.
- 2. Juni: endgültige Pläne der Kapelle.
- 21. Juni: zweite Serie der Pläne für das Haus des Direktors.
- 15. Juli: Kostenanschlag der Erdarbeiten und Rohbau.
- 5. September: Beginn der Bauarbeiten.
- 22. Oktober: es werden die Fundamente der Ausstellungsräume gelegt.
- 20. November: die Fundamente des Museums sind fertig.
- 22. Dezember: Veränderung der Pläne (Schalung, Kapelle)

1961

- 26. April: Pläne des Wächterhauses.
- Juli: Josep Lluis Sert hält sich in Frankreich auf und arbeitet mit den Künstlern (namentlich mit Joan Miró).
- August: Bau einer «Holzkathedrale», die für den Bau der «Rathaushalbmönde» bestimmt ist.
- 22. September: dritte Serie an Plänen für das Haus des Direktors. Letzte Bearbeitung der zwei entschalten, mit einem «cocoon» überzogenen Monitoren.
  Heizungsprobleme.
- 1. Dezember: die Erdarbeiten des Labyrinths werden abgeschlossen.

1962

- Vom 1. bis zum 5. Januar: Serts Mitarbeiter Huson Jackson hält sich in Saint-Paul auf.
- Februar: Aimé Maeght reist in die Vereinigten Staaten.
- 1. Juni: die «Rathausclaustras» sind fertig.
- 19. Juni: das Baugelände wird aufgeräumt, die Lichtinstallation beginnt.
- Vom 7. bis zum 22. Juli: Aimé Maeght, Josep Lluis Sert und Joan Miró treffen sich in Saint-Paul.
- 12. Juli: das Museum und das Haus des Direktors werden angestrichen. Außen- und Innenbeleuchtung.
- Juli: Joan Miró stellt die Modelle seiner Skulpturen im Labyrinth auf.
- 24. August: Josep Lluis Sert ist erneut in Saint-Paul.
- 25. Oktober: das Haus des Direktors ist fertig.
  Das Klärwassersystem ist funktionsfähig und die Elektrizitätsarbeiten abgeschlossen.

1963

- Vom 16. bis zum 23. Februar: Josep Lluis Sert hält sich in Saint-Paul auf.
- 9. August: die Bauarbeiten sind endgültig beendet.
- 22. Oktober: Sämtliche Gipsarbeiten müssen neu gemacht werden. Raoul Ubacs Glasfenster und Kreuzweg werden angebracht.
- November: die Skulpturen des Labyrinths sind beendet.
- Ronald Gourley verläßt die Agentur, die von jetzt an den Namen «Sert, Jackson et Associés» trägt.

1964

- 15. Mai: Marguerite und Aimé Maeght lassen ihre Donation von Werken und von Geld zugunsten der Stiftung vom Notar festhalten.
- Anfang Juli: Josep Lluis Sert hält sich in Saint-Paul auf. Die letzten Einzelheiten werden geregelt.
- 18. Juli: die Stiftung wird als Allgemeingut anerkannt.
- 28. Juli: die Fondation Marguerite und Aimé Maeght wird von dem damaligen Kulturminister André Malraux eingeweiht.

Meister der Stiftung

Architekt und Kreator: Josep Lluis Sert, zusammen mit seinen Mitarbeitern Huson Jackson und Ronald Gourley, Cambridge, Vereinigte Staaten.

Bauarchitekten: Emmanuel Bellini und Eugène Lizero, Cannes.

Joan Mirós Monumentalkeramiken wurden von Josep Llorens Artigas und von Joan Gardy Artigas in Gallifa, Spanien, ausgeführt.

Lino Melano führte Georges Braques, Marc Chagalls und Pierre Tal-Coats Mosaike aus.

Die Glasfenster von Georges Braque und Raoul Ubac wurden von Charles Marcq und von den Ateliers Simon in Reims hergestellt.

Möbel, Lampen, Bänke und Türgriffe aus Bronze sind Werke von Diego Giacometti, die er in Paris fertigstellte.

Joan Mirós Gabel wurde von den Etablissements Susse, in Paris, geschweißt und sein Pfeil vom Atelier Demarquoy, in Antibes, geschmiedet.

Herr Venturi und die Etablissements Triverio, in Nice, führten Joan Mirós Großen Bogen aus.

Die Gärten wurden von Fish und Vallauris unter der Leitung von Albert Varey, dem Gartenmeister der Stiftung, angelegt.

Hauptdonationen zugunsten der Fondation Maeght

VON DEN KÜNSTLERN GESTIFTETE WERKE

VALERIO ADAMI

• *Sigmund Freud in Viaggio verso Londra,* 1973
Acryl auf Leinwand
130 × 97 cm

• *Zeichnung*, 1979
Umbrienerde, Kasein, Pastell und Bleistift
187 × 142 cm
(1979 gestiftet)

• *Zeichnung*, 1979
Siennaerde, Kasein, Pastell und Bleistift
192 × 142 cm
(1979 gestiftet)

JOSEP LLORENS ARTIGAS UND JOAN MIRÓ

• 9 Keramiken
Vgl. Miró

POL BURY

• *Quatre-vingt-deux cordes verticales et leurs cylindres,* 1973
Holz und Nylon
310 × 150 × 67,5 cm
(1974 gestiftet)

• *Ohne Titel,* 1978
11 Tuschezeichnungen
(1978 gestiftet)

• *Fontaine,* 1978
Rostfreier Stahl
230 × 410 × 270 cm
(1978 gestiftet)

ALEXANDER CALDER

• *Une boule noire, une boule blanche,* 1930
Mobile
Höhe: 242 cm
(1973 vom Künstler zusammen mit M. und A. Maeght gestiftet)

• *Ten Restless Disks*, 1933
Stabile-Mobile
400 × 300 cm
(1973 vom Künstler zusammen mit M. und A. Maeght gestiftet)

• *Éléphant,* 1930-1944
Bronze
Höhe: 14,5 cm
(1973 vom Künstler zusammen mit M. und A. Maeght gestiftet)

• *Danseuse,* 1930-1944
Bronze
Höhe: 68,5 cm
(1973 vom Künstler zusammen mit M. und A. Maeght gestiftet)

• *Chat,* 1930-1944
Bronze
Höhe: 13 cm
(1973 vom Künstler zusammen
mit M. und A. Maeght gestiftet)

• *Haltérophile,* 1930-1944
Bronze
Höhe: 21 cm
(1973 vom Künstler zusammen
mit M. und A. Maeght gestiftet)

• *Étoile de mer,* 1930-1967
Bronze
Höhe: 63 cm
(1973 vom Künstler zusammen
mit M. und A. Maeght gestiftet)

• *Cheval II,* 1930-1944
Bronze
Höhe: 10 cm
(1973 vom Künstler zusammen
mit M. und A. Maeght gestiftet)

• *Acrobates,* 1930-1944
Bronze
Höhe: 51,5 cm
(1973 vom Künstler zusammen
mit M. und A. Maeght gestiftet)

• *Empennage,* 1954
Stabile-Mobile
150 × 240 cm
(1968 vom Künstler gestiftet)

• *Trois Soleils jaunes,* 1965
Mobile
233 × 100 cm
(1973 vom Künstler zusammen
mit M. und A. Maeght gestiftet)

ALAN DAVIE

• *The Horse that has Visions of Immortality N° 1,* 1963
Öl auf Leinwand
210 × 170 cm
(1967 gestiftet)

HÉLÈNE DELPRAT

• *Ohne Titel,* 1989
Acryl auf Leinwand
200 × 200 cm
(1989 gestiftet)

MARCO DEL RE

• *La muse qui m'amuse,* 1991
Öl und Verbrennung auf Holz
3 × 250 × 150 cm
(1991 gestiftet)

PIERRE DMITRIENKO

• *Il Fuerte O,* 1967-1968
Öl auf Leinwand
196 × 132 cm

EUGENE DODEIGNE

• *Le Pot de fer,* 1965
Kohle auf Papier
110 × 77,5 cm

CHRISTIAN DOTREMONT

• 6 Zeichnungen
Farbstift auf Papier
27 × 21 cm
(1978 gestiftet)

PIERRE FAUCHER

• *La Selva,* 1990
Acryl und Tinte aux Leinwand
200 × 200 cm
(1990 gestiftet)

FRANÇOIS FIEDLER

• *Peinture,* 1965
Öl auf Leinwand
196 × 132 cm
(1967 gestiftet)

JEAN-MICHEL FOLON

• *Rake's Progress,* 1980
Tusche auf Papier
54,5 × 84,5 cm

LARS FREDRIKSON

• *Structure dynamique,* 1969
Mischtechnik
151 × 102 cm
(1978 gestiftet)

• *Incurve IV,* 1971
Inox und Plexiglas
100 × 175 cm
(1972 gestiftet)

JOAN GARDY-ARTIGAS

• *Ohne Titel*
Epoxydische Skulptur
200 × 50 × 50 cm

GÉRARD GASIOROWSKI

• *Pot de fleurs 29-30,* 1975
Acryl auf Papier
74 × 61 cm
(1985 gestiftet)

LIONEL GODART

• *Feux nocturnes*
Kohle, Spray und Tusche auf Leinwand
102,5 × 89 cm
(1980 gestiftet)

ROBERTA GONZALES

• Ensemble von 45 Zeichnungen
(1972 gestiftet)

• *Le Jugement de Pâris,* 1952
Öl auf Leinwand
146 × 97 cm
(1972 gestiftet)

• *Les Flèches N° 2,* 1968
Öl auf Leinwand
114 × 146 cm
(1972 gestiftet)

• *La Fenêtre était grande ouverte N° 1,* 1970
Öl auf Leinwand
114 × 146 cm
(1972 gestiftet)

HANS HARTUNG

• *T. 1971 - H. 13,* 1971
Acryl auf Leinwand
154 × 250 cm
(1980 gestiftet)

• *P. 10 - 1980 - H.8,* 1980
Kohle auf auf Karton geklebtem Papier
51,4 × 36,3 cm
(1980 gestiftet)

• *P. 25 - 1980 - H.5,* 1980
Fetter Bleistift und Kohle auf auf Karton geklebtem Papier
56,6 × 76,8 cm
(1980 gestiftet)

BARBARA HEPWORTH

• *Figur (Walnut),* 1964
Bronze
Höhe: 181 cm
(1967 gestiftet)

ALEXANDRE ISTRATI

• *Peinture,* 1974
Öl auf Leinwand
200 × 180 cm
(1977 gestiftet)

AKI KURODA

• *Weeping through the Light,* 1991
Acryl auf Leinwand
270 × 160 cm
(1991 gestiftet)

DOMINIQUE LABAUVIE

• *Flying Saucer II,* 1991
Kohle auf Papier
102,5 × 153 cm
(1991 gestiftet)

LADISLAS KIJNO

• *Tic, Tac, Dou,* 1965
Öl auf Leinwand
195 × 153 cm
(1967 gestiftet)

NORBERT KRICKE

• Raumskulptur:
Große Fließende, 1965
Rostfreier Stahl
105 × 502 × 315 cm
(1967 gestiftet)

ALAIN LE YAOUANC

• *E.E.M.,* 1966
Kollage und Gouache auf auf Holz gezogenem Papier
80 × 80 cm
(1968 gestiftet)

• *Masse dôme,* 1967
Montage auf Holz
126 × 100 cm
(1968 gestiftet)

ANNE MADDEN

• *Alignement,* 1972
Acryl auf Leinwand
Zweimal 162 × 228 cm

JEAN MESSAGIER

• *Une chaleur,* 1976
Öl auf Leinwand
230 × 191 cm
(1977 gestiftet)

HENRI MICHAUX
und die Galerie Le Point Cardinal

• *Ohne Titel,* 1974
Tusche und Farbtinte auf Papier
51,5 × 65,5 cm
(1976 gestiftet)

• *Ohne Titel,* 1975
Schwarz-weiß und farbige Tusche auf Papier
57 × 75 cm
(1976 gestiftet)

JOAN MIRÓ

• *Femme et oiseau I,* 1964
Öl auf Leinwand
199 × 199 cm

• *Femme et oiseau II,* 1964
Öl auf Leinwand
199 × 199 cm

• *Naissance du jour I,* 1964
Öl auf Leinwand
146 × 113,5 cm

• *Naissance du jour II,* 1964
Öl auf Leinwand
162 × 130 cm

• *Naissance du jour III,* 1964
Öl auf Leinwand
162 × 130 cm

• *Vol d'oiseau à la première étincelle de l'aube,* 1964
Öl auf Leinwand
162 × 130 cm

• *Femme oiseau,* 1964
Öl auf Leinwand
162 × 130 cm

• *Le Chant de la prairie,* 1964
Öl auf Leinwand
193,5 × 130 cm

• Reihe von 73 Zeichnungen
(1979 gestiftet)

• *Oiseau solaire,* 1968
Marmor aus Carrara
158 × 240 × 137 cm
(1968 vom Künstler zusammen mit M. und A. Maeght gestiftet)

• *Oiseau lunaire,* 1968
Marmor aus Carrara
300 × 260 × 120 cm
(1968 vom Künstler zusammen mit M. und A. Maeght gestiftet)

• *Oiseau,* 1968
Schmiedeeisen
130 × 182 × 128 cm
(1968 vom Künstler zusammen mit M. und A. Maeght gestiftet)

• *Femme à la chevelure défaite,* 1968
Marmor aus Carrara
210 × 150 × 90 cm
(1968 vom Künstler zusammen mit M. und A. Maeght gestiftet)

• *Glasfenster I et II,* 1979
Von den Ateliers Simon-Charles Marcq in Reims angefertigt
200 × 360 cm
(1980 vom Künstler zusammen mit M. und A. Maeght gestiftet)

• *Tapisserie,* 1980
270 × 480 cm
(1981 gestiftet)

• 8 Entwürfe für den Bogen der Stiftung, 1963
Keramiken

• *Tête de taureau,* 1970
Keramik

• *Wandplatten,* 1963
Turm der Fondation Maeght
Keramik

• *Gargouille,* 1964
Keramik
90 × 40 × 50 cm
(1968 vom Künstler und von Josep Llorens Artigas zusammen mit M. und A. Maeght gestiftet)

• *Gargouille,* 1968
Keramik
95 × 40 × 50 cm
(1968 vom Künstler und von Josep Llorens Artigas zusammen mit M. und A. Maeght gestiftet)

• *Runde Keramik (Cadran solaire),* 1973
Durchmesser: 310 cm
(1973 vom Künstler und von Josep Llorens Artigas zusammen mit M. und A. Maeght gestiftet)

• *Mur de la Fondation Maeght,* 1968
Keramik
1240 × 200 cm
(1973 vom Künstler und von Josep Lorens Artigas zusammen mit M. und A. Maeght gestiftet)

• *Personnage*, 1968
Keramik
100 × 50 × 60 cm

• *Personnage*, 1968
Keramik
90 × 30 cm

• *Personnage (Totem)*, 1968
Keramik und Eisen
550 × 80 cm

• *Ensemble von 70 Gouachen*

JOAN MITCHELL

• *Mon paysage,* 1967
Öl auf Leinwand
260 × 180 cm
(1980 gestiftet)

JACQUES MONORY

• *Pompeï,* 1971
Acryl auf Leinwand
3 × 195 × 130 cm
(1977 gestiftet)

GÉRARD TITUS-CARMEL

• *Neuf contructions éphémères,* 1980
Bleimine und Rötelstift auf Papier
121 × 80 cm
(1980 gestiftet)

RAOUL UBAC

• *8 Kohlezeichnungen,* 1977
200 × 50 cm
(1978 gestiftet)

BRAM VAN VELDE

• *Ohne Titel,* 1963
Gouache
120 × 125 cm
(1973 gestiftet)

VLADIMIR VELICKOVIC

• *Exit figure IX,* 1980
Öl auf Leinwand
200 × 140 cm
(1980 gestiftet)

CLAUDE VISEUX

• *Un prédateur,* 1965
Rostfreier Stahl
105 × 245 cm
(1967 vom Künstler und der Galerie Le Point Cardinal gestiftet)

ANDERE DONATIONEN

Frau Arp

JEAN ARP

• *Pépin géant,* 1937-1966
Bronze, poliert
162 × 127 × 77 cm

Komitee Reverdy

FRANCESCO DOMINGO

• *Bildnis von Reverdy,* 1923
Kohle auf Papier
36,8 × 29,2 cm

• *Bildnis von Reverdy,* 1923
Bleistift auf Papier,
47 × 31,5 cm

Staat Bulgarien

ENTCHOV PIRONKOV

• *Ohne Titel*
Öl auf Leinwand
120 × 59,5 cm
(1966 gestiftet)

Galerie de France

CHRISTIAN DOTREMONT

• *Journée détournée du temps,* 1974
Tusche auf Papier
55,4 × 76,2 cm

• *Pas un logogramme de bon sens,* 1974
Tusche auf Papier
76,2 × 55,4 cm

Galerie Le Dessin

FRANÇOIS MARTIN

• *Fin de repas,* 1974
Tusche auf Seidenpapier
64,6 × 48,8 cm

Galerie Le Point Cardinal

Vgl. Donationen der Künstler, Henri Michaux

Frau Gonzales

JOAN GONZALES

• Reihe von 40 Pastellen, Gouachen, Kohlezeichnungen und Aquarellen
(1972 gestiftet)

JULIO GONZALES

• Reihe von 50 Pastellen, Gouachen, Kohlezeichnungen und Aquarellen
(1972 gestiftet)

• *Personnage debout,* 1932-1935
Eisen,
128 × 69 cm

• *Bildnis der Dichterin Jean de Neyreïs,* 1914-1918
Bronze,
21,5 × 20 × 12 cm
(1972 gestiftet)

• *Daphné,* 1930 - 1936
Bronze
142 × 70 × 35 cm
(1972 gestiftet)

HANS HARTUNG

• *T. 51-9,* 1951
Öl auf Leinwand
97 × 146 cm
(1972 gestiftet)

Michel Guy

BRAM VAN VELDE

• *Abstrakte Komposition,* 1938
Öl auf Leinwand
147 × 134 cm

• *Abstrakte Komposition,* 1954
Öl auf Leinwand
186 × 148 cm

• *Abstrakte Komposition,* 1957
Gouache,
137 × 148,5 cm

• *Abstrakte Komposition,* 1966
Öl auf Leinwand
193 × 127,5 cm

Frau Kandinsky

WASSILI KANDINSKY

• *Le Nœud rouge,* 1936
Öl auf Leinwand
89 × 116 cm
(1966 gestiftet)

Herr Maurice Lefèvre-Foinet

JACQUES VILLON

• *Luxembourg: étude,* 1935
Tusche und Bleistift auf Papier
31,5 × 44,7 cm

CLAIRE FALKENSTEIN

• *Points,* 1965
Geschweißtes Metall
150 × 95 × 65 cm
(1968 gestiftet)

RUTH FRANKEN

• *Téléphone V,* 1967
Rostfreier Stahl, Aluminium,
Glas,
elektronischer Apparat
30 × 30 × 30 cm
(1968 gestiftet)

ALBERTO GIACOMETTI

• *Figures,* 1963
Katalog mit Zeichnungen,
Bleimine und Kugelschreiber
auf Papier,
22 × 37 cm
(1976 gestiftet)

FERNAND LÉGER

• *Keramik,* 1953
100 × 195 cm
(1976 gestiftet)

HENRI MATISSE

• *Bildnis von Fabiani,* 1943
Bleistift auf Papier
53 × 40,6 cm
(1980 gestiftet)

Frau Léger

FERNAND LÉGER

• *Skulptur*
Bronze
42 × 35 cm
(1972 gestiftet)

• *Paysage aux oiseaux,* 1954
Gouache auf Papier
49 × 76 cm

• *Halles,* 1965
Tuschezeichnung auf Papier
42 × 82 cm

Frau Tàpies

ANTONI TÀPIES

• *Charnière,* 1977
Druckspuren, Bleistift und Materie auf Papier
36,2 × 50,5 cm

• *Épingle à nourrice,* 1977
Bleistift und Kollage auf Papier
37,5 × 50,5 cm

• *Flacon,* 1979
Bleistift, Acryl und Kreide auf Papier,
36 × 50,8 cm

Frau Reverdy

JUAN GRIS

• *Bildnis von Pierre Reverdy,* 1918
Bleistift auf Karton
60 × 40,5 cm
(1975 gestiftet)

Frau de Wendel

LUIS FERNANDEZ

• *Stilleben*
Bleistift und Tusche auf Papier
50 × 64,4 cm

Herr Lauren Steingrim

JEAN GROTH

• *Zeichnung,* 1975
Tusche auf Papier
87 × 60 cm
(1975 gestiftet)

Frau Ossip Zadkine und Frau Susse

OSSIP ZADKINE

• *Statue pour un jardin,* 1958
Bronze, Nr. 2/6
253 × 112 × 57 cm

Satzung der Stiftung

Die Fondation Marguerite und Aimé Maeght ist eine richtige Stiftung. Sie hängt weder von der Leitung der Nationalmuseen ab, noch arbeitet sie mit staatlichen Subventionen. Sie wurde ganz von Marguerite und Aimé Maeght finanziert. Dieses Konzept, das der Jurisprudenz des Staatsrates entnommen wurde, bietet den Stiftern die Möglichkeit, zu Lebenszeiten ein autonomes Unternehmen zu gründen, dem durch eine notarielle Urkunde die ihm zugedachten Mobilien und Immobilien (unter der Bedingung, sie im allgemeinen Interesse zu verwalten) vermacht werden.

Die Dauer der Stiftung ist uneingeschränkt und ihr Ziel besteht darin, Kunstwerke anzunehmen, zu erwerben, zu restaurieren, zu konservieren und für das Publikum auszustellen. Die Satzung bestimmt weiterhin, daß die Stiftung als Rahmen für Konferenzen, Kolloquien, Konzerte, Filmprojektionen und sonstige künstlerische und kulturelle Ereignisse dienen soll. Sie wird von einem Verwaltungsrat — der seit dem Todestag seines Vaters, dem 5. September 1981, von Adrien Maeght präsidiert wird — geleitet, der die Aufgabe hat, die Stiftung der Öffentlichkeit gegenüber zu vertreten. Er setzt sich aus elf unentgeldlich arbeitenden Mitgliedern — die für neun Jahre eingesetzt werden und alle drei Jahre bis zu einem Drittel neu gewählt werden können — zusammen, die von den Gründern der Stiftung und von Vetretern des Innen- und des Kulturministeriums, die ebenfalls zu den Mitgliedern gehören, ernannt werden.

Sämtliche Entscheidungen des Verwaltungsrates, d.h. Übertragungen, Jahresbudget, Annahme von Stiftungen und Nachlässen, müssen die nötige Zustimmung von den oben genannten Ministerien erhalten. Der Direktor der Stiftung sorgt dafür, daß die Entscheidungen des Verwaltungsrates ausgeführt werden und kümmert sich um die Organisation der verschiedenen künstlerischen und kulturellen Ereignisse.

Der Verwaltungsrat der Stiftung unterstützt auch noch die Gesellschaft der Freunde der Fondation Maeght, die unentgeldlich zur Bereicherung der permanenten Sammlung beiträgt.

Die Stiftung wurde auf einem Marguerite und Aimé Maeght gehörenden Gelände errichtet und erhielt von ihnen das Recht auf eine Erbpacht. 1977, nach Marguerite Maeghts Tod, ließ Adrien Maeght, der hiermit Erbe des Grundstücks und der Bauten wurde, die Pacht in eine Donation umschreiben.

Marguerite und Aimé Maeght haben die Stiftung in jeder schwierigen Lage lange Jahre finanziell unterstützt. Das Budget kam allmählich ins Gleichgewicht und 1983 wurde das Defizit endgültig ausgeglichen.

Die vollkommene finanzielle Unabhängigkeit sichert der Stiftung ihr Dasein und ihre Ausstellungen. Sie nimmt mehr als 250 000 Besucher pro Jahr auf. Alle erworbenen oder gestifteten Kunstwerke gehören dem Erbe der Stiftung an und sind somit unveräußerlich, was ebenfalls der Fall der Bauten und des Grundstückes, auf dem sie errichtet wurde, ist.

Die Zahlen der Stiftung

- Die Stiftung ist 800 m von Saint-Paul, 12 km vom Flughafen von Nice (Côte d'Azur), 35 km von Cannes, 80 km von Italien und 980 km von Paris entfernt.
- Oberfläche des Grundstücks: 10 640 m^2.
- Oberfläche der Räume: 860 m^2.
- Oberfläche des Giacomettihofes: 450 m^2.
- Anzahl der Besucher seit der Eröffnung der Stiftung: 5 380 000 darunter 109 690 während Malrauxs Ausstellung (1973), 119 000 bei Chagalls Ausstellung (1984) und 146 400 während der Ausstellung *L'Œuvre ultime* (1989).
- Anzahl der Ausstellungen, die in der Stiftung von April 1966 bis November 2003 stattfanden: 105.
- Anzahl der von der Stiftung veröffentlichten Kataloge: 98.
- Anzahl der der Stiftung angehörenden Einzelwerke: über 1 500, darunter 150 Skulpturen und 70 Zeichnungen von Miró, 35 Skulpturen von Giacometti.
- Anzahl der der Stiftung angehörenden Drucke: 6 500.
- Anzahl der sich in der Bibliothek befindenden Bände: 16 000.
- Anzahl der musikalischen Kreationen: über hundert.
- Anzahl der Mitglieder des Verwaltungsrates: 11, darunter 8 unentgeldich arbeitende, von den Gründern ernannte Mitglieder, und 3 Vertreter des Innen- und des Kulturministeriums.
- Anzahl der Mitglieder der Gesellschaft der Freunde der Fondation Maeght im Jahre 2002: 2 500.

Die Gesellschaft der Freunde der Fondation Maeght

Die Gesellschaft der Freunde der Fondation Maeght (nach dent Gesetz des Jahres 1901 gegründet) zählt 2500 Mitglieder, denen sie zahlreiche Aktivitäten anbietet: Konferenzen, kulturelle Reisen, Führungen in den einzelnen Ausstellungen, aber auch Preisermäßigungen im Buchladen (im Rahmen der von der Fondation Maeght veröffentlichten Werke), Leihmöglichkeiten in der Bibliothek und Verschicken von Plakaten und Katalogen.

Aktives Mitglied: 55 € - Ehepaar: 80 € - Studenten: 25 €
Unterstützendes Mitglied: 125 € - Wohltäter (Mitglied): 250 €

Bitte wenden Sie sich an die Fondation Maeght:
Société des Amis, 06570 Saint-Paul
Telefon: 04.93.32.81.63 - Telekopie: 04.93.32.53.22
contact@fondation-maeght.com

Komitee Pierre Reverdy

Dank der zwischen Pierre Reverdy und Marguerite und Aimé Maeght entstandenen Bande, stiftetet Frau Reverdy am 18. Juni 1974, nach der 1970 dem Dichter gewidmeten Ausstellung, das literarische Gesamtwerk ihres verstorbenen Mannes der Fondation Maeght. Solch eine großzügige Geste kennt in der Literaturgeschichte nur seltene Beispiele. Die Urkunde bestimmt, daß ein Komitee Pierre Reverdy (am Anfang von Marguerite Maeght und heutzutage von François Chapon präsidiert) die moralische, intellektuelle und materielle Verwaltung dieser Donation zu übernehmen hat. Auf diese Weise wurde die Herausgabe des Gesamtwerkes möglich. Sämtliche Initiativen respektieren die Absichten des Autors. Im Rahmen der Stiftung werden Dokumente, Manuskripte, Bücher, Bildnissc neu gruppiert.

Führer der Fondation Marguerite und Aimé Maeght

Verfasser: Cati Chambon, Yoyo Maeght.

Fotografische Recherchen: Colette Robin.
Archiv: Fondation Maeght.
Satz: Pierre Simonneau und Andréane Burgat-Ruffin.

Fondation Maeght
06570 Saint-Paul
Telefon: 04.93.32.81.63 - Telekopie: 04.93.32.53.22
Täglich, Sonntags und Feiertags geöffnet
Vom 1. Oktober bis zum 30. Juni:
von 10.00 bis 12.30 und von 14.30 bis 18.00
Vom 1. Juli bis zum 30. September:
von 10.00 bis 19.00, ohne Unterbrechung
Parkplatz - Cafeteria

www.maeght.com

Inhaltsverzeichnis

ABBILDUNGSNACHWEIS:
Oscar Bailey, Y. Coatsaliou, Pascal Faligot, Fondation Maeght, Galerie Adrien Maeght, Claude Gaspari, Claude Germain, Jacques Gomot, Paul Guglielmo, Rolf Hegi, Image Art, Mariette Lachaud, Aimé Maeght, Marguerite Maeght, Léo Mirkine, Jack Nisberg, A. Ostier, Photo Serge, Jacques Robert, Michel N'Guyen, Étienne-Bertrand Weill.

Aus dem Französischen von Isabel Czerwionka Cardoso übersetzt.

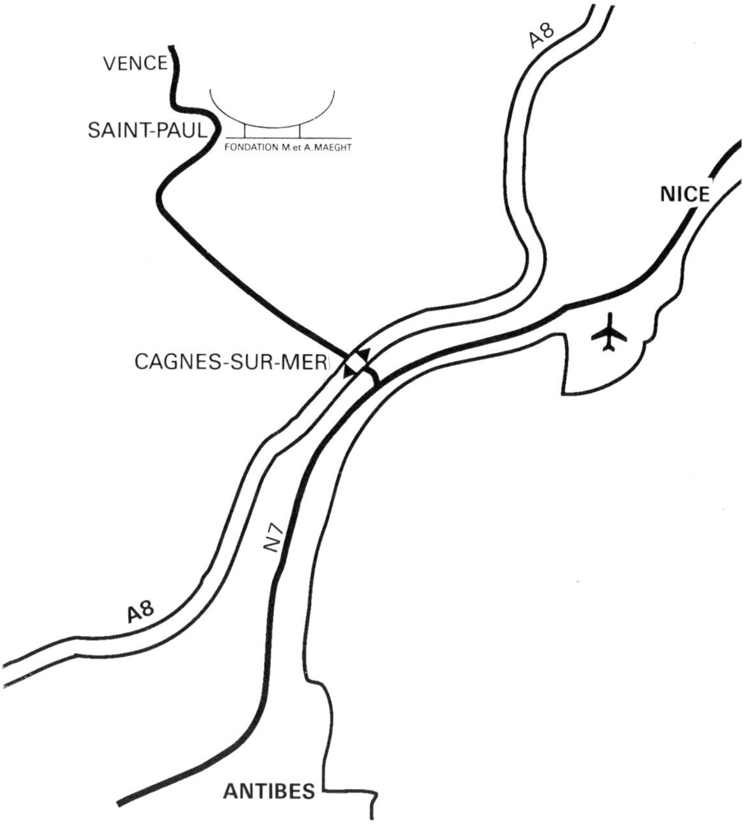

AM 20. JUNI 2003 BEI
IMPRIMERIE ARTE ADRIEN MAEGHT ZUENDEGEDRUCKT
ISBN DEUTSCH: 2-86941-220-7
ISBN FRANZÖSISCH: 2-86941-115-4
ISBN ENGLISCH: 2-86941-221-5
ISBN ITALIENISCH: 2-86941-222-3